비즈니스 마케팅과
프로젝트관리

한 권으로 끝내는 B2B 마케팅 총정리
비즈니스 마케팅과 프로젝트 관리

초판 1쇄 발행 · 2023년 12월 10일

지은이 · 최덕재
펴낸이 · 김승헌

펴낸곳 · 도서출판 작은우주 | 주소 · 서울특별시 마포구 양화로 73, 6층 MS-8호.
출판등록일 · 2014년 7월 15일(제2019-000049호)
전화 · 031-318-5286 | 팩스 · 0303-3445-0808 | 이메일 · book-agit@naver.com

ISBN 979-11-87310-56-3

| 북아지트는 작은우주의 성인단행본 브랜드입니다.

한 권으로 끝내는 B2B 마케팅 총정리

BUSINESS

비즈니스
마케팅과
프로젝트관리

최덕재 지음

MARKETING

BOOK
AGIT

마케팅의 목표는 기업의 생존과 성장에 필수적인 수익성 있는 고객을 확보하는 것입니다. 이를 위해 마케팅을 수행하는 마케터는 목표 고객을 선정하고 이 고객의 니즈를 식별하여 이를 충족하면서 고객의 가치를 최대화할 수 있는 솔루션을 제공합니다. 특히 치열한 경쟁 환경에서는 고객이 구매 의사결정에 중요하게 생각하는 가치가 고객의 구매 상황에 따라 다르므로, 마케터는 당연히 고객 맞춤형 솔루션으로 자신만의 경쟁력을 차별화하여야 합니다.

고객은 크게 일반 소비자와 이를 제외한 타 기업과 정부 및 기관으로 구분할 수 있습니다. 일반적으로 타 기업과 정부 및 기관이 고객인 비즈니스 시장은, 거래가 이루어지는 시장이 제한적이며, 제품은 복잡하고 고가이며, 의사결정에 많은 이해관계자가 참여하고, 의사결정에 시간이 오래 걸리고, 이에 따라 인적 네트워킹을 통한 가치 제공이 중요하다는 특성이 있습니다. 따라서 마케터 역시 이러한 시장 특성에 적합한 마케팅 전략을 수립하고 차별적인 활동을 펼쳐야 합니다. 그러나 통계적으로는 기업의 매출액 중 비즈니스 시장 매출액이 소비자 시장 매출액보다 더 크지만, 비즈니스 시장을 대상으로 하는 비즈니스 마케팅에 관한 연구는 소비자 마케팅에 비하여 상대적으로 미흡합니다.

특히 비즈니스 시장에서는 그 특성으로 인하여 장기적인 고객과의 관계 구축 및 유지에 가장 중요한 마케팅 도구가 고객과의 접점에 있는 마케터 임에도 불구하고, 비즈니스 마케팅에 관한 연구가 제한적이라 이에 대한 전문성을 갖춘 인재 양성 및 확보가 쉽지 않습니다. 또한 고객은 복잡하고 고가인 제품 구매에 대하여 초기 획득 비용이 아니라 전체 수명주기 기간에 들어가는 총비용을 기준으로 공급선을 선정하여 수명주기 동안의 안정적 운용을 위한 협력적인 관계로 발전시키고자 합니다. 이러한 추세에 대응하는 마케터 역시 사업 확보를 위한 초기 마케팅 활동뿐만 아니라 수주 사업에 대한 프로젝트 이행 그리고 고객 만족을 통한 후속 사업 창출에 이르기까지 전체적인 수명주기 관점에서 고객과의 관계를 구축하고 유지하며 발전시켜야 합니다. 일부 고객 역시 사업 초기부터 마케터가 이미 자신의 니즈를 잘 알고 있으며 자신과의 의사소통도 원활히 하고 있어 사업화된 프로젝트 이행에도 마케터가 참여하여 대고객 POC 임무를 수행할 것을 요구하기도 합니다.

이 책은 시장 규모에 비하여 그간 연구가 제한적인 비즈니스 시장에서 타 기업과 정부 및 기관 등을 대상으로 사업화를 위한 초기 마케팅 활동에서부터 수주한 해당 프로젝트를 종결하기까지 전체 비즈니스 과정을 실무적으로 담당하는 공급선의 마케터 또는 프로젝트 관리 요원들을 위해 준비하였습니다. 이들이 비즈니스 마케팅의 특성에 대한 이해를 바탕으로, 목표 고객을 선정하고, 고객의 니즈를 식별하며, 이를 충족하면서 고객의 가치를 최대화할 수 있는 고객 맞춤형 솔루션을 제공합니다. 또한 사업화에 성공하는 마케팅 과정에서부터, 프로젝트에 대한 이해를 바탕으로 계약 후 고객과 합의한 일정과 계획한 예산 범위 내에서 고객의 요구도를 충족하는 산출물을 납품합니다. 이를 위하여 해당 사업을 계획하고 이행하고 통제하여 성공적으로 종결하기까지 프로젝트 관리 과정을 진행합니다. 즉, 비즈니스 마케팅 - 계약 - 프로젝트 관리로 진행되는 사업 과정 전체에 관하여 기술하였습니다.

이러한 목적으로 이 책은 1부에서는 비즈니스 마케팅에 대하여, 2부에서는 프로젝트 관리에 대하여 실무적으로 활용할 수 있는 핵심 부분만 정리하였습니다. 1부에서는 비즈니스 시장의 특성과 고객에 대한 이해, 시장세분화와 마케팅 전략, 인적 자원을 포함한 세부 이행 계획에 관한 내용을 기술하였습니다. 2부에서는 프로젝트 관리 개요, 프로젝트 범위, 일정, 예산 및 리스크 등의 계획 수립, 프로젝트 실행, 통제 및 종결에 관한 내용을 기술하였습니다. 이 책은 기업 현장에서의 실무적인 관점에서 비즈니스 마케팅과 프로젝트 관리에 대하여 필요한 부분에서 핵심적인 내용을 위주로 정리하여 혹 독자들의 학문적인 접근에는 일부분 아쉬움이 있을 수 있습니다. 비즈니스 마케팅에 대한 구체적인 내용은 제가 먼저 출간한 『실전 비즈니스 마케팅 강의』를 참조하기를 바라며, 프로젝트 관리에 대한 구체적인 내용도 이미 출간된 프로젝트 관리 도서를 참조하기를 바랍니다.

저는 인공지능, 빅데이터, 로봇, 자동화로 표현되는 4차 산업혁명 시대에도 인적 네트워킹에 의한 장기적인 고객과의 관계 창출 및 유지가 필요한 비즈니스 시장에서 마케터의 역할은 다른 역할에 비해 자동화된 메커니즘이 쉽게 대체하기가 어려울 것으로 생각합니다. 이는 미래를 준비하는 독자들에게도 생존 경쟁력을 강화할 수 있는 방향을 제시할 수도 있을 것입니다.

모쪼록 기업 현장에서 전인미답의 비즈니스 마케팅 또는 프로젝트 관리 담당자들이 도전하는 사업에 관하여 이 책이 성공 신화를 쓰는 초석이 되기를 바라는 마음입니다. 전작에 이어 후속작을 내도록 도와주신 도서출판 작은우주의 김승헌 대표님께 다시 한번 감사를 드리고, 부단(不斷)한 정진을 격려해주신 경상대학교의 정기한 교수님과 신재익 교수님, 그리고 항상 곁에서 지켜보면서 믿어주시는 부모님, 지지해주는 아내 그리고 나의 자랑스러운 자산, 선혜와 진욱이에게도 감사를 전합니다.

차 례

CHAPTER5 프로젝트 착수

CHAPTER6 프로젝트 계획

CHAPTER7 프로젝트 실행, 통제 및 종결

BUSINESS MARKETING & PROJECT MANAGEMENT

CHAPTER

1

비즈니스 마케팅의 기본

기업의 생존과 발전에 중요한 역할을 하는 기능인 마케팅(Marketing)에 대하여 일반 소비자를 대상으로 하는 B2C(Business-to-Consumer) 마케팅은 많이 알려졌지만, 기업을 대상으로 하는 B2B(Business-to-Business) 마케팅이나 정부와 기관 등을 대상으로 하는 B2G(Business-to-Government) 마케팅을 포괄하는 비즈니스 마케팅(Business Marketing)은 아직 잘 알려지지 않은 분야이며 상대적으로 학문적인 연구도 부족한 실정입니다.

그러나 실제적으로는 많은 기업이 그 고객을 타 기업, 정부 기관이나 학교, 병원 등의 공공기관으로 하고 있으며, 이러한 비즈니스 시장 규모도 일반 소비자를 대상으로 하는 시장보다 더 큰 규모입니다.

이에 따라, 1장에서는 비즈니스 마케팅에 대한 기본적인 이해를 위하여 기업에 중요한 기능인 마케팅을 정의하며, 고객을 기준으로 소비자 마케팅과 비즈니스 마케팅의 차이를 확인합니다. 또한 비즈니스 마케팅이 대상으로 하는 시장의 규모, 구성 및 특성을 파악하고, 마케팅의 핵심인 가치에 대한 이해를 돕도록 합니다.

01
기업은 왜
마케팅이 중요한가?

    많은 사람이 자신이 직접 경영하는 사업을 통하여 자아실현과 성공이라는 꿈을 갖고 창업합니다. 그러나 신생 기업의 1년 생존율은 63.7%, 5년 생존율은 31.2%에 불과할 정도로[1] 창업 후의 생존을 위한 경쟁 환경은 매우 치열합니다. 폐업한 소상공인을 대상으로 폐업 원인을 조사한 결과에서도 '매출 부진'이 60.9%에 달하며[2], 2021년 통계청의 중소기업 폐업 사유 조사에서도 '사업 부진'이 45.6%로 나타납니다.[3] 2022년 8월 통계청의 자료에서도 중소기업의 가장 큰 애로사항으로 '내수 및 수출 부진'(65.4%)을 언급하고 있습니다.[4] 이처럼 치열

---

1   https://www.hani.co.kr/arti/economy/economy_general/973421.html
2   http://news.heraldcorp.com/view.php?ud=20190530000500
3   https://kosis.kr/statHtml/statHtml.do?orgId=133&tblId=TX_13301_A169&vw_cd=MT_ZTITLE&list_id=133_13301_200_90_80&seqNo=&lang_mode=ko&language=kor&obj_var_id=&itm_id=&conn_path=MT_ZTITLE
4   https://kosis.kr/statHtml/statHtml.do?orgId=340&tblId=DT_B10120

한 생존 환경으로 인하여 기업들의 평균 수명도 2015년 32.9년에서[5] 2027년에는 12년으로[6] 대폭 단축될 것으로 예상합니다.

이처럼 기업의 미래를 보장할 수 없는 경영 환경에서 기업이 지속해서 생존하고 성장하기 위해서는 '판매 부진'을 극복할 수 있어야 합니다. 결국 '판매(Sales)'가 기업의 생존에 제1요소입니다. 그러나 판매에는 더 중요한 선행 활동이 필요합니다. 바로 '마케팅(Marketing)'입니다. 판매와 마케팅 모두 기업의 매출 확대를 위한 활동이라는 공통점이 있으나, 판매가 고객과 직접 거래를 하는 활동으로 요약하면, 마케팅은 고객과 판매를 이어주는 활동으로 요약할 수 있습니다. 마케팅이 고객의 현재 및 미래의 요구를 파악하고 이를 충족하는 제품 및 서비스를 제공하기 위한 제반 전략을 수립하는 장기적 활동이라면, 판매는 고객의 수요에 맞추어 기업이 현재 제공할 수 있는 제품을 고객이 실제로 구매하도록 설득하는 단기적 활동입니다.[7]

화장품과 같은 상품을 예로 든다면, 마케팅은 시장 조사를 통하여 현재 또는 미래의 소비자가 원하는 또는 기대하는 기능성 제품을 개발하도록 연구개발 부서에 지침을 주고, 이에 따라 생산된 기능성 제품을 광고로 소비자에게 알려서 소비자가 이를 인지하고 매장을 찾도록 유도하는 활동으로 볼 수 있습니다. 판매는 이러한 화장품 광고를

---

5 https://www.kimjonghoon.com/sotong/plat_view_asp?seq=1325&id=113
6 https://www.seoul.co.kr/news/newsView.php?id=20211202500096
7 www.deffern.com/difference/Marketing_vs_Sales

접한 소비자가 관심을 두고 매장을 찾으면 소비자에게 그 화장품을 소개하고 샘플을 사용하게 하면서 실제 판매로 이어지도록 하는 활동이라고 할 수 있습니다.

비즈니스 마케팅에 관한 이 책의 특성상, 저는 고객과의 장기적인 관점에서 고객의 가치 인식 및 발굴, 가치 전달 및 지속적인 관계 유지를 통하여 기업 발전을 추구하는 '마케팅'이 판매를 포괄하는 용어로 사용하고자 합니다.

따라서 기업에게 '생존과 발전'을 위한 키워드는 결국 '마케팅'이 됩니다. 인간이 환경에 적응하고 생존하기 위해서는 생명체로서 필요한 영양분을 끊임없이 공급받아야 하는 것처럼, 기업 역시 생존과 발전을 위해서는 수익성 있는 고객을 계속 확보하여야 합니다. 경영학의 그루인 피터 드러커(Peter Drucker, 1909~2005)도 "마케팅의 목적은 판매를 불필요하게 만든다."라고 언급하며, "기업의 유일한 목표는 고객을 창출하는 것이며, 이를 위해 기업의 기본 기능은 마케팅과 혁신이

[그림 1-1. 피터 드러커와 마케팅]

기업의 기본 기능은
마케팅과 혁신

다.[8]"라고 할 정도로 기업 경영 활동의 중심으로 마케팅을 강조하고 있습니다.

그래서 우리에게는 마케팅에 대한 정확한 이해가 필요합니다. 마케팅과 관련한 학문과 활동 등에 대해 전 세계적으로 3만 명이 넘는 마케팅 전문가가 가입하여 활동하는 미국 마케팅 협회(American Marketing Association; AMA)에서는 마케팅을 '고객과 클라이언트와 협력선과 크게는 사회에 가치를 주는 제공물을 창조하고, 알리고, 전달하고, 교환하기 위한 활동이자 제도의 집합이자, 절차'[9](Marketing is the activity, set of institutions, and processes for creating, communicating, delivering, and exchanging offerings that have value for customers, clients, partners, and society at large. (Approved 2017))라고 정의합니다.

또한 '현대 마케팅의 아버지'라고 불리는 필립 코틀러(Philip Kotler, 1931~)는 그의 저서 『Marketing Management』에서 마케팅을 '다른 사람에게 가치 있는 제품이나 서비스를 창조하고, 제공하고, 자유롭게 교환하는 것을 통해 개인과 집단이 필요로 하고 원하는 것을 얻는 사회적 절차'[10](Marketing is a societal process by which individuals and groups obtain what they need and want through creating, offering and freely exchanging products and service of value with others.)라고 정의합니다.

---

8   윌리엄 코헨 저/안세민 역, 『피터 드러커 경영 컨설팅』, 한국경제신문사, 2018년
9   https://www.ama.org/the-definition-of-marketing-what-is-marketing/
10   Philip Kotler & Kevin Lane Keller, 『Marketing Management』, 15th edition, Pearson, 2014년

이제 이 책을 읽는 여러분은 위와 같은 마케팅에 대한 정의를 충분히 숙고하여 자신의 언어로 표현할 수 있기를 바랍니다. 마케팅에 대한 정의를 자신의 언어로 표현할 수 있다면, 이 책에서 향후 펼쳐질 비즈니스 마케팅에 관한 이야기에 충분히 공감할 수 있다고 생각합니다.

02
고객이 다르면
마케팅도 다르다?

    앞의 마케팅 정의에서 우리는 '고객 가치(Customer Value)'라는 공통적인 핵심 단어를 찾을 수 있습니다. 많은 기업이 이미 자사의 사명문에 '고객 가치 창출' 또는 '고객 가치 제고'라는 단어를 포함하고 있습니다. 기업은 고객의 관점에서 고객 가치를 올바르게 인지하고 이를 창출하여 고객에게 전달하고 유지하는 단계를 통하여 고객을 만족시키고 고객 충성도를 높여[11] 경영성과를 극대화할 수 있습니다. 그러나 기업은 정작 제품[12]과 서비스를 기업의 관점에서 기업이 가지고 있는 역량을 중심으로 개발하는 데 중점을 두어 고객의 가치를 인지하고 충족시키는 데에는 미흡한 것이 현실입니다.[13] 고객 가치 창조

---

11 천해광, 이상호 (2017), 고객의 서비스 가치와 관계 가치가 신뢰, 고객 만족, 관계 몰입, 고객 충성도, 교체 의도에 미치는 영향, 의사결정학연구, 25(2)

12 제품과 상품의 차이는 제조과정의 유무입니다. 기업이 생산한 물건을 직접 판매하면 제품(Product)이 되며, 이가 유통업체로 납품되어 유통업체가 판매하면 상품(Goods)이 됩니다. 이 책에서는 편의상 제품으로 통일하여 표기합니다.

13 박정은(2012), 고객가치기반 마케팅, 마케팅, 46(4)

는 경쟁우위를 확보할 수 있는 전략적 차별화 수단이 되기 때문에[14], 오늘날과 같은 치열한 경쟁 환경에서 마케팅 활동을 수행하는 마케터(Marketer)가 고객에게 전달하는 가치에 기업의 성패가 달려있다고 해도 과언이 아닐 것입니다. 그럼 '고객 가치'에 대한 명확한 이해를 위해 '고객'과 '가치'로 나누어 우선 고객을 살펴보겠습니다.

마케팅의 대상이 되는 고객[15]은 제삼자에게 대가를 지급하고 제품이나 서비스를 구매하는 개인이나 조직을 말합니다. 고객은 다양한 기준으로 구분할 수 있지만, 흔히 마케팅 퍼널(Marketing Funnel)이라고 하는 고객의 구매 여정에 따라, 고객을 일반 고객, 잠재 고객, 예상 고객, 신규 고객, 충성 고객 등으로 구분합니다. 일반 고객은 우리가 흔히 시장(Market)이라고 부르는 전체 수요를 의미합니다. 마케터가 일반 고객에게 자사의 제품과 서비스를 알리는 광고와 같은 활동을 펼치면 일반 고객 중의 일부가 자사의 제품과 서비스에 관심을 보이는 잠재 고객으로 전환됩니다. 마케터가 잠재 고객과의 관계를 구축하고 추가적인 정보를 제공하면서 구매 의사결정을 지원하는 활동을 펼치면 잠재 고객의 일부는 예산, 소요, 일정이 구체화 된 구매 의향을 지닌 예상 고객으로 전환됩니다. 마케터가 이러한 예상 고객을 대상으로 요구를 충족하고 경쟁력 있는 솔루션을 제안하면 이들 중 일부

---

14 김정권(2011), 고객가치창조 경영의 실행방안, 마케팅, 45(7)

15 흔히 고객을 영어로는 'Customer'로 표기합니다. 다른 영어 표현인 'Client'는 주로 변호사, 회계사 등 전문가의 서비스를 사용하는 사람 또는 조직을 말합니다. 즉, 의뢰인이라고 보시면 됩니다.

[그림 1-2. 고객의 구매 여정]

일반고객

잠재고객

예상고객

신규고객

충성
고객

는 구매 계약을 통하여 신규 고객으로 전환됩니다. 구매한 제품과 서비스에 만족한 신규 고객은 반복적으로 구매하고 이들이 자사의 제품과 서비스를 적극적으로 옹호하고 전파하는 충성 고객으로 전환됩니다.

마케터는 이처럼 마케팅 퍼널 단계에 따른 고객 전환율 성과를 분석하여 전략적인 접근법을 수립하여 활용합니다. 예를 들어, 잠재 고객에서 예상 고객으로 전환되는 비율이 낮다는 것은 잠재 고객이 아직 구매에 대한 필요성을 충분히 갖지 못한 것입니다. 이는 마케터가 제공하는 정보가 아직 고객의 요구를 올바르게 인식하고 이를 구매 의향으로 이끌 수 있는 동인을 제시하지 못하였다는 것을 의미합니다. 물론 이는 쉬운 일은 아닙니다. 조사에 따르면, 잠재 고객이 신규 고객으로 전환되는 비율은 업종마다 다르지만, 평균적으로 3~7%의 수치를 나타냅니다.[16] Unbounce가 아래 그림과 같이 10개 산업, 총 7

---

16 https://blog.close.com/sales-funnel-conversion-rate/

[그림 1-3. 산업별 고객 전환율]

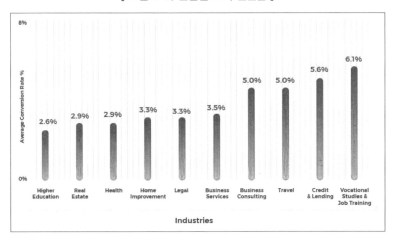

천 5백만 명을 대상으로 조사한 결과 평균 전환율은 4.02%로 나타났으며,[17] Adobe Digital Index 2020의 소비자 가전 산업에 대한 보고서에서도 평균 전환율은 약 3%로 나타나고 있습니다.[18] 저의 마케팅 활동분석에서도 신규 프로젝트 수주 성공률은 5% 정도로 나타났습니다. 따라서, 마케터는 이러한 전환율을 참고하여 인내를 갖고 끈기 있게 마케팅 활동을 펼쳐야 합니다.

또 다른 고객 구분은 구매 주체에 따른 구분입니다. 고객의 정의에서도 언급하였듯이, 고객은 자신이 직접 소비하기 위하여 구매하는 개인 소비자와 최종 고객에게 자신의 제품이나 서비스를 판매하기 위하여 이에 필요한 부품이나 서비스를 구매하는 기업과 정부 및 학교,

---

17 https://www.clickfunnels.com/blog/sales-funnel-conversion-rates/

18 https://www.slideshare.net/adobe/adi-consumer-electronics-report-2020/

병원 등의 기관과 같은 조직이 있습니다. 예를 들어, 각 국가의 국방부는 자국민에게 현재 또는 잠재적 위협으로부터 안전을 제공하기 위해 함정이나 전투기부터 병사들의 급식을 위한 식량 등 다양한 군용물자를 구매하고 있습니다. 병원은 환자인 고객에게 의료서비스를 제공하기 위해 많은 의약품과 첨단 의료 장비를 구매하고 있고, 학교는 학생들을 가르치기 위해 전자 칠판, 노트북, 빔프로젝터 등을 구매합니다. 우리는 이처럼 개인 소비자를 고객으로 하는 마케팅을 소비자 마케팅 또는 B2C(Business to Consumer) 마케팅, 그리고 조직을 고객으로 하는 마케팅을 비즈니스(Business) 마케팅으로 구분합니다. 비즈니스 마케팅은 다시 기업을 고객으로 하는 B2B(Business to Business) 마케팅과, 정부와 기관 등을 고객으로 하는 B2G(Business to Government) 마케팅으로 세분할 수 있습니다.

마케팅은 같은 제품을 대상으로 하더라도 고객에 따라 소비자 마케팅도 되고 비즈니스 마케팅도 됩니다. 예를 들어, 마케터가 출퇴근용으로 승용차를 구매하고자 하는 소비자를 상대하면 이는 소비자 마케팅이 되지만, 같은 승용차이지만 임직원들의 업무 지원용으로 구매하고자 하는 기업의 총무팀을 상대하면 이는 비즈니스 마케팅이 됩니다. 여러분이 이와 같은 상황에서 승용차를 구매하는 주체라면, 여러분 역시 소비자로서 구매하는 기준과, 기업의 총무팀원으로서 구매하는 기준은 같지 않을 수 있음을 쉽게 추측할 수 있을 것입니다.

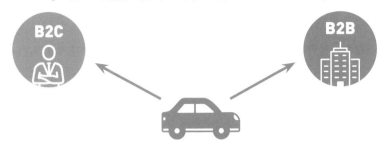

[그림 1-4. 동일 제품의 소비자 마케팅과 비즈니스 마케팅]

고객을 대상으로 소비자 마케팅과 비즈니스 마케팅으로 구분하는 이유는 각각의 마케팅 특성이 고객에 대한 마케팅 활동에 차이를 주기 때문입니다.

- 거래가 이루어지는 시장 측면에서, 소비자 시장은 고객 근처에 편의점부터 대형할인점에 이르기까지 다양하고 많은 공급선이 널리 퍼져 있지만, 비즈니스 시장의 고객과 공급선은 매우 제한적입니다. 예를 들어, 우리나라의 항공 운항사가 동유럽으로 신규 항로를 개설하기 위해 대형 여객기를 도입하고자 할 때, 항공 운항사가 원하는 장거리용 대형 여객기를 공급할 수 있는 공급선은 세계적으로 보잉(Boeing)사와 에어버스(Airbus)사로 매우 제한적입니다.

- 구매 절차 측면에서도, 소비자 마케팅에서는 고객이 마음에 드는 혹은 사려고 했던 제품을 즉석에서 구매하는 경향이 있지만, 비즈니스 마케팅에서는 구매하기까지 절차가 복잡하고 시간이 오래 걸리며 여러 관련자가 참여하며 의사결정에도 오랜 시간이 소요됩니다.

- 공급하는 제품 측면에서, 소비자 제품은 상대적으로 저가, 많은 양, 단순한 제품이라는 특징이 있으며, 구매하고자 하는 상품이 한 판매점에 없으면 다른 판매점에서 구매할 수 있거나 혹은 대체품 구매도 가능합니다. 반면에 비즈니스 제품은 상대적으로 고가, 적은 양, 복잡한 제품이라는 특징이 있으며, 구매하고자 하는 제품은 쉽게 구하기도 어렵고 대체품을 찾기도 쉽지 않습니다. 즉, 공급선을 쉽게 교체하기가 어렵습니다. 아울러 잘못 구매할 때는 기업의 경영성과에 지대한 영향을 줄 수도 있습니다.
- 자사의 제품과 서비스를 알리는 의사소통 활동 측면에서, 소비자 마케팅에서는 주로 일반 대중에게 광고와 홍보를 통해 자사의 브랜드에 대한 인지도와 선호도를 강화하는 판촉 활동을 하지만, 비즈니스 마케팅에서는 잠재 고객에게 인적 네트워킹을 통해 가치를 제공하는 활동을 중요시합니다.

이상에서 언급한 소비자 마케팅과 비즈니스 마케팅의 서로 다른 특성을 요약하면 다음의 그림과 같습니다.

우리의 일상은 소비자 마케팅과 연결되어 있어서 소비자 마케팅에 대해서는 이미 많이 친숙하지만, 비즈니스 마케팅에 대해서는 조금 낯설게 느껴질 것입니다. 그러나 이는 자연스러운 것입니다. 국내에서 『마케팅 연구』 학회지의 발간 30년 동안 게재된 641편의 연구 논문을 대상으로 연구 주제를 분석한 결과에서도, B2B 마케팅은 13편

[그림 1-5. 소비자 마케팅과 비즈니스 마케팅의 차이]

소비자 마케팅		비즈니스 마케팅
일반 소비자	고객	기업, 정부 기관
널리 퍼져 있음, 다수	시장	제한적, 소수
상대적 단순, 표준품	제품	상대적 복잡, 주문품
대량, 저가	수량 가격	소량, 고가
단순, 단기	구매 절차	복잡, 장기
광고, 브랜드 인지	의사 소통	인적 네트워크, 가치 제공

(2.0%)에 불과할 뿐으로 소비자 행동(38.1%), 제품 전략(19.8%), 촉진 전략(11.9%), 마케팅 전략(10.6%) 등에 비해 아주 부족한 현실을 보여주고 있습니다.[19] 미국에서도 B2B 관련 연구 논문은 전체 마케팅 대상 연구 논문의 10%가 안 됩니다.[20]

우리는 이제 타 기업과 정부 등을 고객으로 하는 비즈니스 마케팅에 대하여 구체적으로 살펴보고자 합니다.

---

19 하영원 외(2016), 마케팅 연구 30년: 게재논문의 특성과 연구주제 추세분석, 마케팅연구, 31(1)
20 Erik Mooi 외 (2020), Connect, engage, transform: how B2B researchers can engage in impactful industry collaboration, Journal of Business & Industrial Marketing, 35(8)

비즈니스 시장의 규모와 구성은 차이가 있는가?

시장 조사 기관인 유로모니터 인터내셔널사가 2015년 미국, 중국, 브라질, 일본, 영국 등 5개국을 대상으로 통신 시장의 B2B, B2C, B2G 시장 규모를 조사한 결과를 보면, 조사한 5개국 B2B 시장의 규모가 평균적으로 50%를 넘고, B2C가 약 40%, B2G가 약 10% 규모를 갖는 것으로 나타납니다.[21] 이를 크게 소비자 시장과 비즈니스 시장으로 구분한다면 약 40% 대 60%로 구성됩니다. 즉, 비즈니스 시장의 규모가 소비자 시장의 규모보다 더 크다고 할 수 있습니다. 선진국에서는 국내총생산(Gross Domestic Product; GDP)의 절반 이상이 B2B 시장에서 창출됩니다.

대표적인 B2G 시장으로는 국방 부분이 있습니다. 스톡홀름 세계 평화 연구소의 자료를 기준으로 살펴보면 미국의 2021년 국방비는

---

21 https://www.euromonitor.com/article/industrial–data–enhance–business–strategy

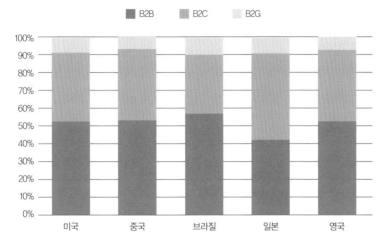

[그림 1-6. 5개국 통신 시장의 B2B, B2C, B2G 구성 비율]

8,007억 불입니다.[22] 미국의 국방비를 국가별 GDP와 비교한다면 이는 세계 20위인 터키의 GDP 7,945억 불을 초과하는 규모입니다. 이처럼 비즈니스 시장 규모가 일반인에게는 잘 알려지지 않았지만, 앞에서 언급한 바와 같이 우리나라 경우에도 타 기업과 정부 및 공공기관을 고객으로 하는 비즈니스 시장의 규모는 상당히 큰 부분을 차지하고 있습니다. 통계청의 자료에 따르면, 전체 기업체 수의 99.9%를 차지하는 중소기업[23] 중 제조업을 대상으로 2020년 고객별 매출액을 구분하면, 타 기업이 89.4%, 정부 포함 공공기관이 5.2%, 일반 소비자나 소매업자는 5.4%를 차지하고 있습니다.[24] 이렇듯 고객을 기준으

22 https://www.sipri.org/databases/milex
23 https://www.mss.go.kr/site/smba/foffice/ex/statDB/MainSubStat.do
24 https://kosis.kr/statHtml/statHtml.do?orgId=142&tblId=DT_F40025&vw_cd=MT_ZTITLE&list_id=142_MT_BTITLE_1_001_001_006&seqNo=&lang_mode=ko&language=kor&obj_var_id=&itm_id=&conn_path=MT_ZTITLE

로 구분하면 일반 소비자를 대상으로 하는 거래보다는 타 기업이나
정부 기관 등을 대상으로 하는 거래가 훨씬 더 큰 비중을 차지한다는
의미가 됩니다.

비즈니스 시장의 구성은 최종 소비자를 정점으로 이들에게 제품과
서비스를 제공하는 기업에게 많은 공급선이 여러 단계로 연결되는 피
라미드 구조로 되어있습니다. 우리나라 자동차산업을 예로 들어보겠
습니다. 현대기아차는 많은 협력사가 생산하는 타이어, 에어컨 등 다
양한 구성품을 납품받아 자동차를 조립하고 품질검사를 마친 후에 최
종 소비자에게 인도합니다. 이렇게 다양한 자동차 구성품을 현대기
아차에 공급하는 1차 협력사는 약 300개, 이들 1차 협력사에 소재 및
원자재를 공급하는 2~3차 협력사는 약 5,000개가 있습니다. 기타 표
준품 등을 공급하는 일반 구매업체도 약 3,000개가 있습니다.[25]

[그림 1-7. 현대기아차 협력사 구성]

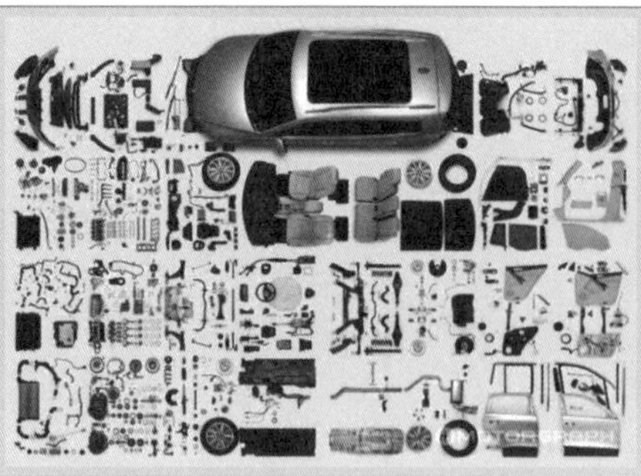

현대차그룹 협력사 현황	
1차 협력사	약 300곳
2~3차 협력사	약 5,000곳
일반 구매업체	약 3,000곳
1차 협력사 평균 연매출	2,589억원
협력사 평균 거래기간	28년
*2014년 기준.	

---

25 https://www.mk.co.kr/news/business/view/2016/04/291353/

비즈니스 마케팅 활동을 수행하는 마케터의 관점에서 고객과 자사인 공급선 간의 관계는 시장에서의 지배력에 따라 판매자 시장(Seller's Market)과 구매자 시장(Buyer's Market)으로 구분합니다. 공급선의 시장 지배력이 우수하여 공급시장을 거의 독점하는 판매자 시장이 아닌 한, 구매자의 시장 지배력이 우수한 구매자 시장에서는 한 고객의 공급선이 동시에 그 고객의 경쟁사에 공급하는 것은 현실적으로 매우 어렵습니다. 결국, 공급선의 입장에서 처음부터 수익성이 있는 고객을 잘 선정하여 오랫동안 협력적인 관계를 유지하여야 합니다. 한 고객의 공급선이 되기 위해서는 일반적으로 고객에게 공급선 등록 신청 → 고객의 공급선 실사 및 평가 → 고객의 공급선 풀(Pool) 등록 → 경쟁 참여 → 거래 확보라는 과정으로 진행합니다. 특히 대형 고객의 공급선으로 선정되기 위해서는 오랜 노력과 시간이 필요합니다.

한 고객의 공급선으로 등록되더라도 자사처럼 공급선으로 진입을 원하는 다른 후보자, 곧 잠재적 경쟁사의 진입을 방어하며 자신의 경영성과를 유지하려면 결국 고객과의 장기적인 관계에 바탕을 두고 고객의 요구도 이상을 충족하는 차별적인 가치를 제공할 수 있어야 합니다. [그림 1-7]에서 현대기아차 그룹의 협력사 평균 거래 기간이 28년인 점을 보면 신규 공급선으로 진입하여 신규 거래를 확보하기가 얼마나 어려운지 짐작할 수 있을 것입니다.

최근 글로벌 경쟁 체계에서 기존 공급선과 잠재적 공급선과의 경쟁은 자국에만 국한되지 않습니다. 고객 역시 글로벌 경쟁을 위한 전략 일부로 가격 경쟁력을 확보하기 위해 생산비가 낮은 해외 국가로

[그림 1-8. 보잉 787 여객기의 글로벌 공급망]

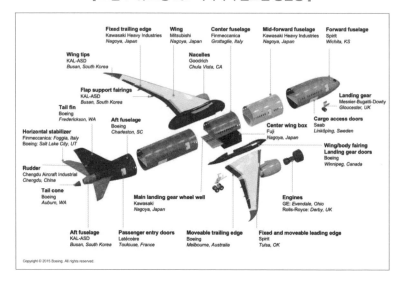

눈을 돌리고 있습니다. 공급망의 글로벌화는 위의 그림과 같이 보잉 B787 여객기의 동체를 생산하는 공급망 구성에서도 확인할 수 있습니다.[26]

---

26 www.uschamber.com/series/above-the-fold/global-supply-chains-explaied-one-graphic-0

04
비즈니스 시장의
특성은 무엇인가?

앞에서 살펴본 바와 같이 비즈니스 시장은 최종 소비자, 비즈니스 고객, 공급선인 자사 및 경쟁사, 자사의 공급선 등으로 복잡하게 구성되어 있습니다. 이를 바탕으로 비즈니스 시장의 특성을 살펴보면 다음과 같습니다.

1. 파생적 수요입니다. 이는 최종 소비자의 수요가 비즈니스 시장 수요와 직접 연결되는 것입니다. 2020년부터 전 세계로 확대된 코로나19 대유행으로 인하여 각국이 바이러스 감염 확산을 통제하기 위하여 항공 여행을 제한하자 여행객 수요가 급감하여 국내 여행업계는 큰 타격을 입었습니다. 또한, 항공 여행 수요 급감에 따라 항공 운항사가 보잉사나 에어버스사에 주문하였던 여객기에 대한 주문을 취소하거나 인수를 연기하였습니다. 이에 따라 보잉사와 에어버스사가 여객기 생산을 줄이자 이 여객기에 부품을 공급하던 많은 국내의 항공기 부품을 생산하던 공급선 역시 작업 물량이 끊겨 숙련된 작업자

[그림 1-9. 코로나 19로 텅 비었던 인천공항 여객터미널]

의 유지에 어려움을 겪고 있으며 기업의 존폐까지도 고심하고 있는 것입니다.

2. 수요의 변동입니다. 파생적 수요와 같이 최종 소비자의 선호도 변화에 따라 비즈니스 시장의 수요가 변동되는 것입니다. 예를 들어, 전 세계적인 기후 변동에 따라 환경 문제에 대한 소비자들의 관심이 증가하자, 디젤 등 내연 기관 자동차의 수요는 감소하는 반면, 전기 자동차의 수요가 증가하고 있습니다. 이러한 추세는 기존의 내연 기관 자동차에 맞춘 동력 장치를 공급하던 공급자에게는 커다란 위협이 될 수 있습니다, 반대로, 고용량 배터리를 생산하는 기업에는 사업 영역을 자동차 시장으로까지 확대할 기회가 될 것입니다.

3. 수요의 자극입니다. 공급선이 최종 소비자의 수요를 직접 자극

하여 자사의 매출을 증가시킬 수 있는 것입니다. 여러분도 바로 떠올릴 수 있는 유명한 사례는 바로 인텔사의 'Intel Inside'라는 광고입니다. 인텔사는 1985년부터 꾸준히 최종 소비자에 대한 TV 광고를 통해 자사 브랜드를 강화하고 경쟁사와 차별화하였습니다. 이러한 광고를 접한 최종 소비자가 개인용 컴퓨터를 구매할 때 인텔사의 펜티엄 칩을 확인하자 컴퓨터 생산업체들도 인텔사의 CPU를 사용하지 않을 수 없게 되었습니다. 마찬가지로 여객기 제작사인 보잉사가 코로나19 대유행에서도 TV 광고를 통해 항공 여행의 안전성과 안락함을 광고하는 목적은 최종 소비자들의 항공 여행 욕구를 자극하여 이가 향후 항공 여행 수요 증가로 이어지면, 항공 운항사의 항공기 수요가 증가하게 되고, 결국 항공기 신규 주문의 증가로 이어지기 때문입니다.

4. 가격의 비탄력성입니다. 최종 소비자는 가격에 민감할 수 있어도, 최종 소비자에게 제품을 판매하는 비즈니스 고객과 이에 부품을 공급하는 공급선은 원가에 덜 민감합니다. 예를 들어 코로나19 대유행에 따른 생산 활동 제약으로 인하여 원자재 공급이 감소하여 원자재 가격이 오르더라도 공급선은 고객과의 장기 계약 또는 공급가 인상 시 경쟁력 상실을 우려하여 공급하는 부품 가격을 바로 인상하기는 어렵습니다. 또한, 해외에서 부품을 수입하는 공급선도 환율 상승에 따른 원가 부담을 바로 가격에 반영하기도 어렵습니다.[27] 물론 일부 사양을 변경한 개량형 모델을 출시할 때는 이러한 가격 변동을 반

---

27 https://www.kita.net/cmmrcInfo/cmmrcNews/cmmrcNews/cmmrcNewsDetail.do?searchOpenYn=&pageIndex=1&nIndex=72327&logGb=A9400_20221228

영할 수 있습니다만 이 역시 고객이 수용할 수 있는 시장 가격 내에서 만 가능한 것입니다.

5. 전 세계 시장을 대상으로 합니다. 기술 발전에 따른 대량생산, 물류 효율화 등에서의 발전은 기업의 경영 활동 무대를 글로벌시장 으로 확대하고 있습니다. 많은 기업이 글로벌시장으로 진출하다 보니 경쟁도 더욱 치열합니다. 특히 무역 의존도가 높은 우리나라의 많은 기업은 구매, 생산 및 마케팅 등의 경영 활동이 국내보다 해외에서 더 활발하여 글로벌시장의 경쟁 및 변화에 따른 영향성이 더 큽니다. 코로나19 대유행으로 인하여 해외 공급선의 가동이 제한되어 적기에 부품을 공급받지 못하고 이에 따라 생산 일정에 차질이 발생하고, 또 생산한 제품을 수출하기 위한 물류 운송이 원활하지 못하여 매출에도 영향을 받는 등 대기업들조차 글로벌 공급망에 따른 영향을 크게 받은 적도 있습니다.

6. 인적 네트워킹이 중요합니다. 잠재 고객으로 유인하기 위한 판매촉진 활동으로 TV 광고나 신문 광고를 중시하는 소비자 시장과 달리, 비즈니스 시장에서는 인적 네트워킹을 중시합니다. 일부 판매 촉진 활동도 산업전시회, 전문 잡지 또는 직접 우편을 활용하고 있습니다. 특히 고객과의 장기적인 관계 수립이 중요하기 때문에 고객과의 관계마케팅이 모든 마케팅 활동의 중심이 되고 있습니다.[28]

---

28 Micheal D. Hutt와 Thomas W. Speh, 『Business Marketing Management』, 11th edition, South-Western, 2013년

마케팅의 핵심인
가치에 대하여

가치는 개념적인 용어지만, 경제학적 관점에서는 인간의 욕구나 관심을 충족시킬 수 있는 제품이나 서비스를 사용하면서 얻는 주관적인 만족과 관련되는 '효용(Utility)'이라는 의미로 사용하며, 가치를 '혜택과 비용 간의 교환'이라는 의미로 보고 있습니다.[29] 즉 가치에 대한 평가는 고객이 제품이나 서비스의 획득을 위해 들인 시간 및 노력 등에 대한 비용에 대하여 고객이 획득한 제품이나 서비스를 사용함으로써 얻는 혜택의 차이로 평가할 수 있습니다. 가치는 여러분이 흔히 어떤 제품에 대하여 가격에서 기대할 수 있는 성능이나 효율의 정도를 말하는 '가성비'라는 표현도 이와 같다고 할 수 있습니다.

이처럼 가치의 평가는 고객이 제품과 서비스를 통하여 얻은 전체

---

[29] 유경옥, 김향미, 김재욱(2013), 연결망 분석을 이용한 마케팅 분야의 고객가치 연구의 진화 및 발전과정에 대한 연구: 저자 동시 인용 분석방법을 이용한 SSCI 상위 20위권 저널을 대상으로, 한국경영과학회지, 38(2)

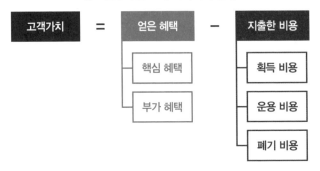

[그림 1-10. 고객 가치의 구성]

고객가치 = 얻은 혜택 − 지출한 비용

핵심 혜택 / 부가 혜택

획득 비용 / 운용 비용 / 폐기 비용

혜택에서 지급한 전체 비용을 뺀 차이를 말합니다. 이 가치 평가에 따라, (+)일 때는 고객은 자신의 결정과 결과에 만족을 느끼고 재구매로 이어질 수 있고, (-)일 때는 고객은 불만족을 느끼고 재구매는 커녕 주변에 그 불만족을 알리는 것입니다. 고객이 생각하는 가치를 혜택과 비용으로 구분하여 도식화하면 위의 그림과 같습니다.

고객이 얻는 혜택은 핵심 혜택과 부가 혜택으로 나눕니다. 핵심 혜택은 고객의 구매 고려 대상군에 포함되기 위해 공급선이 반드시 준수하여야 하는 특성입니다. 이는 제품의 성능, 품질, 납기 등입니다. 부가 혜택은 공급선이 제공하는 기본 요구도 외에 그 공급선을 차별화하고 고객에게 부가가치를 제공할 수 있는 특성입니다. 예를 들면, 공급선이 제공하는 배송, 설치, 사용자 교육, A/S 등의 고객 서비스가 부가 혜택입니다.

고객이 지출하는 비용은 제품을 구매하고, 사용하고, 이를 폐기할 때까지, 즉 제품의 수명주기 동안 지출되어야 할 '총소유비용(Total Cost of Ownership; TCO)'입니다. 총소유비용은 획득비용, 운영비용, 폐기비용으로 구분합니다. 획득비용에는 고객이 공급선에서 구매하는 비용 외에도, 소요 제기에서부터 주문할 때까지 발생하는 제반 행정 비용, 납품 시 운송료, 해외 물품의 경우 관세 등의 제반 비용이 포함됩니다. 운영비용에는 수명주기 동안 유지, 수선, 훈련 및 성능개량 등에 들어가는 비용을 말하며, 폐기비용은 용도가 끝난 제품을 매립, 소각, 장기간 보관 등의 방법으로 폐기하고자 할 때 들어가는 비용입니다.

그럼 고객은 혜택 중에서 어떤 혜택을 더 중요하게 생각할까요? 고객 대부분은 부가 혜택이 더 중요하다고 말합니다. 왜냐하면, 핵심 혜택은 당연히 충족하여야 한다고 생각하기 때문입니다. 고객은 성능, 품질, 납기 등의 핵심 혜택을 충족하지 못하면 구매 고려 대상에서 배제하기도 합니다. 이는 비즈니스 고객도 같습니다. 미국과 독일에서 약 1,000명의 B2B 구매자를 대상으로 조사한 결과에 따르면, 경쟁에 참여하는 모든 공급선이 같은 수준의 핵심 혜택을 제공하기 때문에 공급선 선정에는 부가 혜택이 핵심 혜택보다 더 큰 영향을 미친다고 합니다.[30] 미국 마케팅 협회에서 2017년 7,900명 이상의 B2B 구매자를 대상으로 판매, 의사소통, 가격, 품질, 프로젝트 관리, 지속적 서비스 및 지원 등 8가지 분야를 대상으로 중요하다고 생각하는 고객 가치를 조사하였더니, B2B 구매자들이 생각하는 중요한 가치는 '지속적

30 Christian Homburg 외 (2005), Determinants of Customer benefits in Business-to-Business Markets: A Cross-Cultural Comparison, Journal of International Marketing

인 서비스 및 지원'이 34%, '품질'이 17%, '의사소통'이 15%로 이 3가지가 전체의 2/3를 차지하며, '가격'은 단지 9%밖에 되지 않는 것으로 나타났습니다. 이는 혜택 중에서도 역시 부가 혜택이 더 중요하다는 것을 말합니다.[31]

고객의 가치 평가는 결국 자신에게 최대의 가치를 제공할 수 있는 공급선 선정을 위한 평가 기준과도 맥을 같이 합니다. 비즈니스 고객의 가치 구성 요소에 대해서는 다음 장에서 더 자세하게 이야기하겠습니다.

이처럼 '마케팅'의 정의와 가장 핵심적인 '고객'과 '가치'를 통하여, 마케터는 고객이 자신의 구매 의사결정에 대한 만족을 느끼도록 고객 가치를 최대화할 수 있는 제품이나 서비스를 창출하여 이를 제공하는 역할을 담당하는 사람이라고 할 수 있습니다.

31 www.ama.org/marketing-news/a-better-way-to-price-b2b-offerings/

1장. 비즈니스 마케팅의 기본 요약

- 마케팅(Marketing)은 고객에게 가치를 주는 제품이나 서비스를 창조하고, 알리고, 제공하는 활동입니다.

- 비즈니스 마케팅(Business Marketing)은 기업을 고객으로 하는 B2B 마케팅, 정부와 공공기관 등을 고객으로 하는 B2G 마케팅을 포괄합니다.

- 비즈니스 마케팅의 특성은 일반 대중을 고객으로 하는 소비자 마케팅과 비교하여, 시장의 고객과 공급선이 매우 제한적이며, 구매 절차가 복잡하고 시간이 오래 걸리며, 제품 특성도 고가, 적은 양, 복잡하다는 특징이 있습니다. 의사소통 활동은 잠재 고객에게 인적 네트워킹을 통해 가치를 제공하는 활동을 중요시합니다.

- 비즈니스 시장의 규모는 소비자 시장 규모보다 더 많은 약 60%를 차지하며, 국내 중소 제조업체의 매출액을 기준으로 하여서도 95%를 차지하고 있습니다.

- 비즈니스 시장의 구성은 최종 소비자를 정점으로 이들에게 제품과 서비스를 제공하는 기업, 이 기업에게 부품 및 서비스를 공급하는 공급선, 그리고 공급선에게 원자재를 공급하는 하부 공급선 등이 연결되는 피라미드 구조로 되어있습니다.

- 공급선은 처음부터 수익성이 있는 고객을 잘 선정하여 고객의 요구도 이상을 충족하는 차별적인 가치를 제공하여 상호 호혜적인 관계를 구축하고 이를 장기적으로 유지하기 위한 활동이 중요합니다.

- 비즈니스 시장의 특성은 최종 소비자의 수요와 연결된 파생적 수요 및 수요의 변동, 공급선의 최종 소비자에 대한 수요 자극 가능, 가격의 비탄력성, 글로벌시장, 인적 네트워킹의 중요성으로 요약할 수 있습니다.

- 가치(Value)는 인간의 욕구나 관심을 충족시킬 수 있는 것에 대한 효용성으로, 고객의 가치 평가는 고객이 획득한 제품이나 서비스로부터 얻는 혜택 대비 제품이나 서비스를 획득하기 위한 시간, 노력 및 가격 등의 비용 차이로 산정합니다. 고객이 얻는 혜택은 핵심 혜택과 부가 혜택으로 나누며, 고객이 지출하는 비용은 제품의 수명주기 동안 지출되는 총소유비용(Total Cost of Ownership; TCO)입니다.

BUSINESS MARKETING & PROJECT MANAGEMENT

CHAPTER

2

비즈니스 고객의 특성

정보통신 기술(ICT)과 글로벌경영 환경의 변화로 인해 기업의 생존과 발전은 더욱 절실합니다. 이처럼 치열한 기업 운영 환경에서 마케팅은 기업의 전체적인 성공을 결정하는 중요한 기능이며, 이러한 임무를 수행하는 마케터는 자사와 고객을 직접 연결하는 매개체가 됩니다. 마케터는 단순히 물리적 제품을 제공하는 것뿐만 아니라, 아이디어, 권고, 기술 지원, 경험, 확신, 관계 등을 제공합니다. 고객 역시 자신과 직접 대면하고 지속적인 관계를 형성하는 마케터를 통하여 그 공급선에 대한 이미지, 명성 및 신뢰성, 요구 충족 역량 등을 가늠합니다.

이 때문에 마케터 역시 '고객 지향적' 또는 '고객 중심적' 마케팅 활동을 통하여 신규 고객 확보(38%), 잠재 고객 창출(29%), 브랜드 인지도 확보(20%)라는 목표를 달성하고자 합니다.[32] 그렇지만 조사에 따르면 단지 20%의 마케터만이 고객을 올바로 이해하고 있습니다.[33] 이는 '고객'을 언급하는 마케터가 '고객에게 중요한 것'이 무엇인가를 고민하기보다는, 아직 '내가 무엇을 하고 또 나에게 중요한 것이 무엇인가'에 초점을 맞추고 있다는 이야기입니다. 따라서 마케팅의 활동 중 가장 중요한 선행 활동은 '내 고객은 누구인가'를 파악하는 것입니다.

이에 따라, 2장에서는 본서에서 가장 중요하게 강조하는 비즈니스 고객의 특성을 올바르게 이해하기 위하여 마케터의 활동 대상인 구매자의 일반적인 특성을 이해하며, 구매 환경 변화에 따른 기업의 입장을 인식하고, Buying Center라고 부르는 고객의 구매 조직을 파악하고, 고객의 구매 상황, 구매 절차, 공급선 평가 및 선정에 대해 알아보도록 합니다.

---

32   www.komarketing.com/blog/b2b-industrial-trends/
33   www.b2bmarketing.net/en-gb/member-resources/high-performance-b2b-marketing

01

비즈니스 고객,
너는 누구인가?

기업의 생존과 발전을 위해서는 마케팅 기능이 중요하기 때문에, 마케팅 활동 대상인 고객은 매우 중요할 수밖에 없습니다. B2B 마케터를 대상으로 조사한 결과에서도 B2B 마케팅의 성공 요소 상위 4가지는 '고객', '브랜드', '전략', '평가'로 나타납니다.[34] 이처럼 '고객'은 B2B 마케팅의 핵심입니다.

[그림 2–1. B2B 마케팅의 성공 요소]

---

34 https://www.b2bmarketing.net/en-gb/member-resources/high-performance-b2b-marketing

고객이 매우 중요하기 때문에 기업이 수익성 있는 고객을 확보하기 위해 고객을 연구하는 것은 당연합니다. 고객을 연구함으로써 기업은 고객의 요구를 충족하는 제품과 서비스를 창출하고 제공할 수 있으며, 자신의 제품과 서비스를 알리기 위한 효과적인 마케팅 의사소통을 구축할 수 있으며, 고객과의 관계 관리를 통하여 고객을 유지할 수 있는 것입니다.

우리는 비즈니스 마케팅 활동의 대상인 타 기업과 정부 기관 등을 포괄적으로 '고객'으로 표현하지만, 공급선의 대표자인 마케터가 현장에서 직접 그리고 가장 많이 접촉하는 고객의 대표자는 구매자(Buyer)입니다. 따라서 마케터는 자신이 접촉하는 구매자의 특징은 파악할 필요가 있습니다. 구매 활동을 선도하는 구매자의 일반적인 특징은 다음과 같습니다.

- 전문적인 훈련을 받은 소수의 구매자가 큰 금액의 계약을 처리합니다. 기업의 경영성과에 직결되는 큰 금액의 계약을 다루기 때문에 기업은 역량 있는 인재를 구매부서에 배치하며, 많은 구매자는 전 세계적으로 널리 알려진 미국의 구매협회에서 주관하는 'CPSM(Certified Professional in Supply Management)'자격증을 취득한 전문가입니다. 기업 대부분이 구매와 관련되는 부분은 영업 기밀로 간주하고 있어 관련 내용을 파악하기는 쉽지 않습니다만, 미국의 GM 자동차는 연 580억 불을 구매하는데 구매 담당자는

약 1,350명입니다.[35] 이는 단순히 계산한다고 하더라도 연간 인당 4천만 불 이상을 구매하는 것입니다.

- 구매 규모가 크고, 구매 의사결정이 기업의 경영성과에 미치는 영향성이 크기 때문에, 구매 의사결정에는 구매 부서 외에도 많은 관련 부서의 참여와 여러 단계의 승인 과정이 필요합니다. 대형 프로젝트(project)의 경우, 기술 부서, 품질 부서, 지원 부서, 원가 부서 및 법률 부서 등 각 부서가 구매 과정에 참여하여 최적의 공급선 선정에 대한 합리적 의사결정을 하고, 경영진에게 보고하여 승인받습니다.

- 구매자는 장기적인 관점에서 협력적인 공급선을 선정합니다. 초기 획득 비용만을 기준으로 가장 낮은 가격을 제시한 공급선을 선정하지 않고, 공급받은 제품을 수명주기 동안 운용하는데 소요되는 TCO을 기준으로 하여 공급선을 선정합니다. 이를 위해 고객은 RFP (Request For Proposal)에 공급선이 TCO와 관련된 비용들을 함께 산정하여 함께 제출하도록 요구하고, 선정한 공급선이 제시한 관련 비용을 보증하여야 하는 의무 조항을 계약서에 반영하기도 합니다.

- 구매자는 상대적으로 저가의 표준품은 대리점을 통해 구매하지만, 고가의 고객화된 제품은 원천 제작업체를 통해 직접 구매합니다. 이는 단순히 중간상을 배제한 비용 절감뿐만 아니라, 오랜

---

35 한상린, 「B2B 마케팅」, 21세기 북스, 2011년

기간 사용하는 수명주기 동안 안정적 운용과 관련하여 원천 제작업체의 기술 지원도 중요하기 때문입니다. 따라서, 공급선과의 장기적인 협력관계도 자연히 중요시됩니다.

마케터는 이처럼 자신이 상대하는 고객이 구매 분야의 전문가이며, 구매 상황에 따라 의사결정에 대한 절차가 복잡하며, 장기적인 관점에서 공급선을 선정한다는 점을 인지하고 이에 대응할 준비를 하여야 합니다. 특히 최근에는 디지털 환경에 따라, 많은 구매자가 구매 절차를 온라인으로 전환하여 온라인으로 잠재적인 공급선을 조사하고, 온라인으로 입수한 정보를 바탕으로 공급선에게 요청하는 정보 요청(RFI; Request For Information) 절차가 생략되기도 하며, 공개 입찰보다는 선별한 공급선을 대상으로 입찰 절차를 진행하기도 합니다.[36] 따라서 마케터는 자사에 대한 온라인 마케팅에도 관심을 두어 구매자의 활동 초기에 구매자의 관심을 잡을 수 있는 가치를 제공할 수 있어야 합니다.

---

[36] https://www.linkedin.com/business/sales/blog/b2b-sales/5-traits-of-todays-b2b-buyers

02
기업은 왜 구매 부서 역량을 강화하는가?

　그렇다면 기업은 역량 있는 인력을 왜 먼저 구매 부분에 배치할까요? 이는 ICT 발전에 따른 기술의 평준화 및 글로벌 경쟁 체제에서 기업은 가격 경쟁력을 확보하기 위하여 원가 구성 중 가장 큰 비중을 차지하는 재료비 부분을 먼저 살펴보지 않을 수 없습니다. 미국의 경우 제조원가의 50% 이상이 구매비이며, 2022년 12월 한국은행에서 발간한 우리나라 기업의 2021년 경영분석 자료를 살펴보면, 우리나라 비금융 영리법인 858,566개 기업의 재무제표를 기준으로 한 전체 산업의 제조원가 중 재료비 비율이 53.32%를 차지합니다. 전체 산업 중에서 다시 제조업만을 살펴본다면 재료비 비율은 66.27%로 증가합니다. 그러나 이 재료비에 경비 중 구매자가 처리할 수 있는 외주가공비까지 포함하면, 그 비율은 각각 65.09%, 73.18%까지 증가합니다.[37]

---

37 https://www.bok.or.kr/portal/bbs/P0000599/view.do?nttId=10073326&menuNo=200455&pageIndex=1

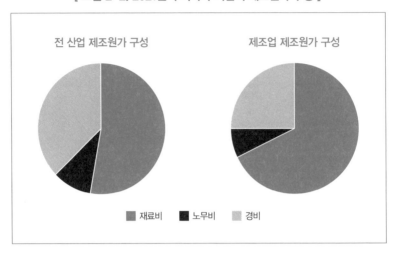

[그림 2-2. 2021년 우리나라 기업의 제조원가 구성]

전 산업 제조원가 구성   제조업 제조원가 구성

■ 재료비　■ 노무비　■ 경비

이에 따라 구매 활동이 기업의 이윤 창출을 위한 전략 핵심으로 위치가 강화되고, 구매자는 구매 원가절감을 위한 압박을 받게 됩니다. 이러한 배경으로 인하여 기업은 다음과 같이 구매의 역할을 강조합니다.

• 구매의 전문화입니다. 예전에는 구매자가 생산 일정을 준수하기 위해 품질이 인증된 제품을 저가에 발주하여 적기에 공급해주는 품질, 가격, 납기(Quality, Cost, Delivery; QCD)에 중점을 두고 업무를 진행하였습니다. 최근에는 구매전문가로서 구매 상황에 따라 구매 방식을 개선하여 경영성과와 연결하고자 하는 노력을 강화하고 있습니다. 이러한 노력의 하나로 재고 및 물류비용과 시간 절감을 위해 적기 조달을 강화하고 있습니다. 고객이 필요한 부

품을 공급선이 적기에 공급하도록 하는 JIT(Just In Time) 시스템이 그 예입니다.

- 구매의 집중화입니다. 예전에는 각 사업장에서 필요한 자재와 부품 등을 사업장별로 구매하였습니다. 이제는 원가경쟁력 확보에 대한 구매의 중요성을 인식하여, 구매 활동을 한곳으로 통합하여 구매 물품의 표준화와 규모의 경제를 통하여 구매비 절감을 추진하고 있습니다.

- 공급선의 최적화입니다. 피라미드 형태로 구성된 공급선 구성에서 1차 협력사, 소위 Tier 1으로 부르는 공급선의 역할을 강화하고 있습니다. 공급선 숫자를 줄이는 대신 선정된 소수의 공급선에게는 발주 규모를 확대하고 장기 계약을 체결하면서 지속적인 원가절감을 유도하고 있습니다.

- 공급망 관리 전략에도 변화가 있습니다. 구매는 선정한 소수의 공급선과 리스크를 공유하는(Risk-Sharing) 방향으로 전환하고 있습니다. 이에 따라 공급선은 고객의 신제품 개발 초기부터 참여하여 일정 부분에 대한 개발을 함께 협업하고 있습니다. 구매는 또한 공급망 전체에 대한 비용관리, 공급선과의 협업을 통한 비용 절감, 인터넷 구매를 통한 비용 절감 등을 추진합니다. 최근에는 여러분도 익히 알고 있는 '공유 경제'라는 개념과 같이 장비등 시설재를 획득하지 않고 임대로 전환하는 추세도 증가하고 있습니다.

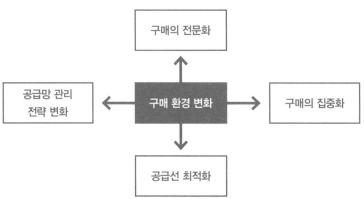

[그림 2-3. 구매 환경의 변화]

이러한 공급망 관리의 변화를 보여주는 사례가 있습니다. 대형 여객기 제작업체 에어버스사는 과거 A300 생산 시에는 자신이 직접 부품까지도 구매하였습니다만, A380을 생산할 때는 직구매 비중을 줄였습니다. 에어버스사는 A380 생산에 참여한 200개 이상의 주요 공급선을 A350 생산에서는 다시 90개 이하로 줄이면서 지속적인 원가 인하도 함께 요구하고 있습니다.[38] 이는 보잉사도 마찬가지입니다. 보잉사 역시 장기 계약을 체결하면서 연도별 물가 인상을 적용하는 대신 오히려 원가 인하를 요구하는 것처럼 Tier 1에게 집중하면서 지속적 원가 인하를 요청하고 있습니다.

이는 공급선 선정 기준이 점차 '장기적인 비용 절감'에 중점을 둔다는 것을 알려주는 것입니다. 딜로이트 컨설팅사가 2018년 세계

---

38 Dr. Kevin Michaels, Key Trends In Commercial Aerospace Supply Chains, 2017 Global Supply Chain Summit

[그림 2-4. 에어버스사의 공급선 변화]

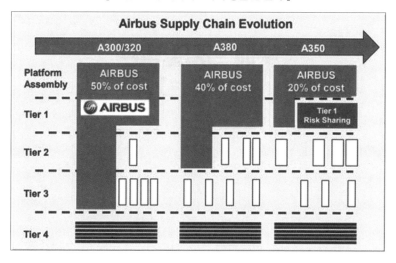

39개국에서 505명의 구매 임원을 대상으로 한 조사 결과에서도, 구매 활동의 최우선 목표가 '비용 절감'이라는 응답이 78%에 달한 것으로도 확인됩니다. 이 목표 달성을 위한 활동으로 구매를 통합하고(37%), TCO를 줄이며(32%), 경쟁을 활용하고(31%), 사양을 개선하며(24%), 협업을 확대하겠다(23%)는 순으로 응답하였습니다.[39]

39 www2.deloitte.com/content/dam/Deloitte/at/Documents/strategy-operations/deloitte-global-cpo-survey-2018/pdf

03
구매 의사결정은
누가 하는가?

　고객의 특징에서도 언급하였듯이, 제품이나 서비스를 구매하는 정부나 기업의 획득 과정에서 나타나는 공통점은 일반적으로 구매 의사결정에는 구매 부서 외에도 많은 관련 부서가 참여하고 여러 단계의 승인 과정이 필요하다는 것입니다. 이렇게 조직의 구매 과정에 참여하는 이해관계자들로 구성되어 구매 의사결정을 하는 조직체를 구매 조직(Buying Center)이라고 합니다. 이 조직이 바로 마케터가 활동하고 의사소통하는 대상인 고객의 총체적인 이름입니다. 즉, 비즈니스 마케팅에서 고객이라고 함은 바로 '구매자' 개인보다는 '구매 조직'을 의미한다고 보아야 합니다. 이 책에서도 이후 '고객'이라 함은 구매자를 포함하는 '구매 조직'을 의미하는 용어로 사용합니다.

　구매 조직은 보통 역할에 따라 제안자, 영향자, 사용자, 결정자, 문지기, 구매자로 구성하며, 각자의 역할에 대한 설명은 다음과 같습니다.

[그림 2-5. 일반적인 구매 조직의 구성]

- 사용자는 실제로 제품을 사용할 사람으로, 구매 필요성을 제기하며, 필요하면 사양 개발에도 참여합니다. 이들은 당연히 사용 편의성을 중요시합니다.
- 제안자는 필요성에 대한 소요를 공식화하여 구매 소요를 제기하는 사람으로, 사용자와 같을 수도 있습니다.
- 문지기는 다른 참여자들이 검토하는 구매 관련 정보와 마케터의 접근을 통제하며 접촉 창구(Point Of Contact; POC)의 기능을 합니다.
- 영향자는 구매에 대한 정보를 제공하거나 구매 사양을 수립하여 의사결정에 영향을 주는 사람으로, 전형적으로는 기술, 품질, 연

구개발(R&D) 인력이 담당합니다. 첨단 기술에 대해서는 외부 기술 자문이 이 역할을 담당할 수도 있습니다. 또한, 구매와 관련한 정부 기관 및 환경 단체 등 외부 기관도 포함될 수 있습니다.

- 의사결정자는 구매 조직 구성원들의 의견을 종합하여 최종적으로 구매 의사결정을 내리는 사람입니다. 일반적으로 경영진이 될 것입니다.
- 구매자는 고객을 대표하여 선정한 공급선과 계약하고 공급선의 계약 이행을 관리하는 공식적 권한을 지닌 사람입니다.

구매 조직의 구성은 기업과 구매 상황에 따라 다양합니다. 규모가 작은 기업에서는 의사결정자 1명이 모든 역할을 담당할 수도 있습니다. 조사에 따르면 일반적으로 구매 조직에 참여하는 이해관계자의 숫자는 평균 4명 이상으로 구성되며, 많은 경우에는 20명이 넘기도 합니다. 고가의 장비 구매 시에는 평균 4개 관련 부서에서 3단계 계층의 6.8명이 관여합니다.[40]

마케터는 구매에 대한 의사결정을 내리는 구매 조직의 참여자를 파악하고 누가 영향력을 행사하는지를 조사하여 이에 대응하여야 할 것입니다. 구매 조직의 참여자를 일찍 파악할수록 이들의 관심사를 파악하기가 쉽습니다. 이를 위해서는 모든 참여자에 대한 인적 사항

---

[40] https://www.inflexion-point.com/blog/4-key-factors-influencing-b2b-buying-behaviour

56   비즈니스 마케팅과 프로젝트 관리

을 정리하고 최신화하는 것이 필요합니다. 이 참여자들의 영향력이 얼마나 큰지, 또 이들을 대상으로 자사 제품과 서비스에 대한 인지 경로, 획득한 정보, 관심을 끈 정보, 기대하는 것 등을 조사하고 정리하여야 합니다.

프로젝트 수주 성공을 위해서 마케터는 구매 조직 참여자가 관심을 두는 안건에 맞추어 특정한 혜택을 선제적으로 제시하여야 합니다. 즉, 구매 조직 참여자의 평가 기준에 부응하는 정보를 제공하여야 한다는 것입니다. 컨설팅 회사인 맥킨지사 역시 구매 의사결정 과정에 참여하는 참여자를 식별하는 것으로는 충분하지 않고 이들이 구매 결정을 내릴 때 가장 중요하게 생각하는 것을 이해하여야 한다고 강조합니다.[41] 예를 들어 장비 구매와 관련하여 구매 조직에 참여하는 장비 정비 기술자에게는 장비의 획득 가격보다는 장비에 대한 정비 용이성, 정비를 위한 교육 훈련 제공, 아울러 정비 부품의 공급 기간 및 비용 등을 더 중요하게 생각할 것입니다. 다음의 표는 분야별 구매 조직의 참여자들이 구매 의사결정 과정에서 중요하게 생각하는 관심사의 예를 보여줍니다.

구매 의사결정에 영향을 미치는 영향자는 구매 조직의 의사결정에 참여하는 사람뿐만 아니라, 구매 조직 외부, 예를 들면 정부, 국회, 시민사회단체, 언론매체, 산업계 전문가, 유통업체, 컨설턴트 등도 될 수도 있습니다. 산업별 전문 잡지도 중요 영향자 중의 하나입니다. 이

---

41 www.mckinsey.com/business-fuctuion/marketing-and-sales/our-insights/follow-the-customer-decision-journey-if-you-want-b2b-sales-to-grow

[표 2-1. 분야별 구매 의사결정 관련 주요 관심사]

분야	구매 의사결정 관련 주요 관심사
설계/기술	공급선의 명성, 설계 요구도를 충족할 수 있는 공급선의 능력
생산	생산 일정을 충족하는 납기, 납기 신뢰성
판매/마케팅	자사 제품의 시장성에 대한 구매 품목의 영향성
후속지원	기존 장비와의 호환성, 공급선의 후속지원, 설치 능력
자금/회계	현금흐름/대차대조표/손익계산서에 대한 영향, 예정 원가와의 차이, 자체 생산/외부조달 가능성
구매	수용 가능한 품질 중에 최저 가격, 공급선과의 관계 유지
품질관리	사전에 정해진 사양, 표준, 정부 규제 등에의 부합 정도

전문 잡지에 특정 제품이나 서비스에 관한 기사의 편향에 따라 이를 구독하는 독자에게는 긍정적으로 또는 부정적으로 영향을 미칠 것입니다. 특히 이 독자가 구매 조직의 참여자이며 기사화된 특정 제품이나 서비스가 구매의 대상이 되는 제품이나 서비스라면 더욱 관심을 두고 기사를 확인할 것입니다. 산업계의 전문 연구조사 기관이 해당 산업계에서 업체의 신기술 선도력 등을 보고서로 발표할 경우, 이를 읽은 구매 조직 참여자는 평가 대상인 공급선 후보들에 대한 인식이 편향될 수도 있습니다. 정부 조직도 획득이나 공공 개발 프로젝트 등을 추진할 때 외부 전문기관에서 검토한 사업 타당성 검토 결과를 따라 사업 추진의 방향성을 결정하기에 외부 전문기관도 중요 영향자의 하나입니다. 또한, 이미 같은 또는 유사한 제품이나 서비스를 사용한 또는 사용하는 기존 고객의 생생한 후기는 중요한 참고 자료가 될 것입니다.

따라서 마케터는 마케팅 활동의 하나로 자신의 산업계에서 영향력 있는 영향자들을 식별하여 이들과의 네트워킹을 강화하고, 이들을 통하여 잠재 고객에게 자사 브랜드를 인지시키고 브랜드 가치를 높이는 의사소통 활동을 고민하여야 합니다.

04

구매하는 상황은
어떻게 다른가?

　고객이 구매하는 상황은 구매 대상, 구매 배경 등에 따라 다를 수 있습니다. 고객의 구매 상황에 따라 구매 절차나 구매 의사결정 과정의 복잡성 등이 달라지기 때문입니다. 따라서 마케터는 고객의 구매 상황을 인식하고 이에 대한 대응 전략을 구상하여야 합니다. 고객의 구매 상황은 다음과 같이 단순 재구매, 수정 재구매, 신규 구매로 구분할 수 있습니다.

　첫째, 단순 재구매는 고객이 지속적 또는 반복적 요구도에 따라 구매를 하는 것입니다. 주로 생산 현장에서 사용하는 부자재나 소모품, 사무실에서 사용하는 사무용품 등을 구매할 때 해당합니다. 이러한 구매 상황에서 고객은 구매와 관련된 정보가 거의 필요하지 않습니다. 고객은 이미 등록된 공급선 중에서 선택하여 주문할 수 있으며, 구매 절차를 단순화하기 위해 인터넷이나 전자상거래를 활용하기도 합니다. 일부 고객은 현장 직원이나 사무실 직원이 직접 소요 물품을 등록된 공급선에 주문합니다.

고객의 단순 재구매 상황에 대해서는 마케터는 우선 자사를 고객의 공급선으로 등록하여야 합니다. 고객은 일반적으로 새로운 공급선에 대한 시험-평가-승인 절차가 시간과 비용을 소모하는 부가적인 업무이기 때문에, 신규 공급선을 추가로 등록하는 것을 꺼립니다. 따라서 마케터는 고객에게 공급선 추가 등록에 따른 불편함을 보상할 수 있는 가격 경쟁력이나 빠른 납기 등의 새로운 대안을 제시하는 활동이 필요합니다. 공급선으로 등록한 후에는 고객과의 관계를 유지하고, 기대치를 충족하고, 요구 변화에 신속한 대응이 필요합니다. 또한, 실제로 구매 권한을 지닌 직원들이 자사 제품을 선호하고 선정하도록 활동하여야 합니다. 반면, 이미 등록된 공급선의 마케터는 고객이 신규 공급선을 추가하거나 타 공급선으로 전환하지 않도록 고객의 만족도를 세밀히 관찰하고 고객만족도를 높여 관계를 유지하여야 합니다.[42]

둘째, 수정 재구매는 고객이 대안을 찾는 것이 이득이 될 것이라고 믿을 때, 품질향상 또는 원가절감 등 대안을 고려할 때, 또는 현 공급선의 성과에 불만족할 때 재구매를 검토하게 됩니다. 예를 들어, 공급

---

42 Ivan Russo 외 (2017), The combined effect of product returns experience and switching cost on B2B customer re-purchase intent, Journal of Business & Industrial Marketing, 32(5)

선이 납품한 부품에서 품질 불량 문제가 계속하여 발생한다면, 그 부품을 사용하여 조립하는 생산 현장에서 불만이 제기되어 고객은 결국 공급선 교체를 생각하지 않을 수 없게 됩니다. 또는 이미 공급받던 부품보다 더 오랜 시간의 수명을 보장한다던가 또는 더 경쟁력 있는 가격을 제안하는 신규 공급선이 등장한다면 고객으로서는 당연히 그 신규 공급선의 제안을 고려할 수 있습니다. 조사에서도 고객이 기존 공급선을 변경하는 상위 원인으로는 기존 공급선의 가격 인상(39%), 저가의 신규 공급선 대두(30%), 대 고객 서비스 불만(27%), 계약 미준수(27%), 더 편리한 신규 공급선 대두(26%), 납기가 더 빠른 신규 공급선 대두(24%)의 순으로 나타났습니다.[43] 또한, 고객은 상호 합의된 계약 조항에 따라 가격, 품질, 납기 측면에서만 공급선을 평가하는 것이 아니라, 고객과 공급선 간 상호작용의 과정에서 발생하는 무언의 의무인 '심리적 계약'에 의해서도 평가합니다. 추상적이고 구체적인 거래 의무가 없음에도 불구하고, 공급선이 관계적 의무를 지키지 못하면 심리적 계약이 파기된 것으로 여기고, 공급선 변경의 시발점이 될 수도 있습니다. 이렇듯 공급선 변경의 배경에는 고객의 감정적 상황도 있습니다.[44]

따라서 기존 공급선의 마케터는 고객이 불편하게 생각하는 문제를 파악하고 즉각적으로 이를 해결하여, 고객이 지속적으로 재구매를 하

---

[43] https://pros.com/learn/white-papers/what-b2b-buyers-want
[44] Misty Blessley 외 (2018), Breaching relational obligation in a buyer-supplier relationship: Feeling of violation, fairness perceptions and supplier switching, Industrial Marketing Management, 74

도록 유도하는 활동을 하여야 합니다. 또한, 고객의 부정적인 감정을 개선하기 위한 의사소통 노력도 더욱 필요합니다. 예를 들어, 공급한 물품에 품질 불량 문제가 발생한다면, 이를 즉각 고객에 통지하고 이의 해결을 최우선으로 처리하고 향후 재발 방지를 위한 개선 노력까지도 고객과 공유하여야 합니다. 반면, 신규 공급선의 마케터는 고객이 대안을 검토하는 배경을 파악하여, 기존 공급선에게서 받던 가치 이상의 차별적인 가치, 예를 들면 가격 경쟁력, 생산성 향상, 납기 단축, 즉각적인 고객 서비스 등의 가치를 제안하여 고객이 신규 공급선으로 수정 재구매를 하도록 유도하는 활동을 펼쳐야 합니다.

셋째, 신규 구매는 기존 경험과 상이하여 의사결정을 위해 많은 정보가 필요합니다. 예를 들어 최종 고객의 주문량이 증가하여 생산량 증가가 필요하면 고객은 생산 장비를 추가로 도입할 필요가 생깁니다. 장비 추가 도입을 검토할 때 현재 사용하는 장비가 도입된 지 오래되지 않았다면, 고객은 기존 장비와의 운용성 및 호환성 등을 고려하여 같은 브랜드의 생산 장비를 추가 구매할 수 있습니다. 그러나, 현재 사용하는 생산 장비가 오래되어 낡았다면 고객은 최신형의 생산 장비를 도입하는 것을 고려할 수 있습니다. 최신 생산 장비를 도입하려는 경우에는 선정할 모델, 요구 성능, 품질 수준, 가격 등이 불확실합니다. 이러한 구매 상황에서 고객은 기술의 복잡성, 평가의 어려움, 신규 공급선과의 거래에 대한 불확실성 등을 극복하여야 합니다.

특히 신규 구매 상황에 있는 고객은 초기에 관련 정보가 부족한 경우가 많습니다. 이에 따라 마케터는 고객이 신규 구매를 위한 내부 활동을 준비하는 초기부터 관여하여, 고객이 당면한 문제를 파악하여 이를 해결할 자사 제품과 서비스에 대한 정보를 관련자들에게 사전에 충분히 제공하고 최적의 솔루션임을 인지시켜 구매 사양에 반영시키도록 유도하는 스펙인(Spec-In) 활동을 하여야 합니다. 고객의 구매 사양이 자사 제품 특성에 맞추어지면 실질적으로 경쟁사의 진입을 불가능하게 만드는 역할을 하므로 초기에 마케팅 성패를 가늠하는 중요한 기준이 됩니다. 반대로, 이미 경쟁사가 오래전부터 고객과의 네트워킹 활동을 하였고 그 관계가 견고하다면 뒤늦게 이 경쟁에 참여하는 마케터는 소위 '들러리'에 불과한 경우도 생길 수 있는 것입니다.[45]

이처럼 마케터는 장기적인 관점에서 고객이 공식적인 구매 절차에 들어가기 전에 활동을 시작하여 그 활동의 결과물이 구매 사양에 반영되도록 고객과의 의사소통 및 네트워킹 전략을 개발하여야 합니다. 특히 기술 변화의 속도가 빠르고 고객의 선호 요건을 정의하기 어려운 첨단 기술 시장에서는 마케터가 고객과 긴밀히 협력하면서 선호 요건을 파악하고 최상의 제품 기능을 제안토록 하여야 합니다.[46] 고객에게 특히 중요한 구매의 경우 마케터는 판매 지향적이 아니라 고객 지향적으로 접근하여야 고객으로부터 신뢰를 얻을 수 있습니다.[47]

---

45 김석찬, 『영업기술과 세일즈 리더십』, 학산미디어, 2016년

46 Sam Al-Kwifi 외 (2014), Brand switching of high-technology capital products: how product features dictate the switching decision, Journal of Product & Brand Management, 23(4-5)

47 Paolo Guenzi 외 (2016), The combined effect of customer perceptions about a salesperson's adaptive selling and selling orientation on customer trust in the salesperson: a contingency perspective, Journal of Business & Industrial Marketing, 31(4)

[표 2-2. 구매 조직의 구매 상황 및 신규 마케터의 활동]

구매 상황	예	마케터의 활동
단순 재구매	생산용 부자재, 사무용품 등	차별적 가치 제시로 신규 공급선 등록 후 자사 제품 및 서비스를 선택하도록 활동
수정 재구매	기존 공급선의 성과 미충족	고객의 불만 파악 후 문제 해결을 위한 우월적 가치 제공
신규 구매	신규 장비 도입	고객의 문제 인식 후 이의 해결을 위한 자사의 솔루션 제공으로 구매 사양에 선제적 반영 (스펙인)

글로벌 마케팅 활동은 고객의 문화 이해와 이에 적합한 현지 네트워킹을 위해 필요할 경우 영향력 있는 현지 업체와의 협력도 중요합니다.

05
구매는 어떤
과정으로 하는가?

경영 목표를 달성하기 위해 생산 현장에서 소요가 제기된 제품이나 서비스에 대한 요구도를 충족시키면서 이를 적기에 공급받기 위한 고객의 일반적인 구매 업무 절차는 다음 그림과 같습니다.

그런데 본격적인 구매 절차 시작에 앞서 먼저 짚어보아야 할 사안이 있습니다. '제조 또는 구매(Make or Buy)'에 대한 의사결정입니다. 앞에서 이야기한 예와 같이 최종 고객의 주문량이 증가하여 자사의 현재 생산 능력으로 이 수요를 맞출 수 없는 경우, 최종 고객 수요를

[그림 2-6. 구매 조직의 구매 절차]

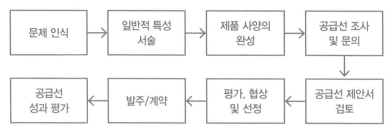

해결하기 위해 바로 생산 장비 구매 절차에 들어가는 것은 아닙니다. 수요 충족을 위해 사내에서 해결할지 또는 구매를 통해 해결할지를 결정하는 것이 선결되어야 합니다. 사내 해결 방안의 예를 들면, 생산량을 늘리기 위해 현재 1교대로 가동 중인 현장 작업을 2교대로 가동할 수도 있고, 또는 장비를 추가로 구매할 수도 있는 것입니다. 이러한 결정은 최종 고객의 수요 전망과 각각의 방안에 대한 경제성 분석을 통하여 결정합니다. 이러한 결정을 '제조 또는 구매' 결정이라고 합니다.

제조 또는 구매 결정을 통하여 특정 제품이나 서비스를 구매하기로 하였다면 이가 구매 절차의 첫 단계인 문제 인식이 됩니다. 앞에서 이야기한 예와 같이 최종 고객 주문이 증가하여 현재 생산 능력으로는 주문량을 충족할 수 없고 또한 이 주문이 향후로도 계속 증가할 것으로 예측한다면, 최종 고객에게 장기적으로 안정적인 공급을 위해서는 생산라인을 증설하고 이를 위해 신규 장비의 도입이 필요하다는 것을 인식하는 것입니다.

발생한 또는 발생이 예상되는 문제를 구매로 해결하겠다고 결정하면, 다음 단계는 구매할 대상의 일반적인 특성을 기술하는 것입니다. 이 과정에서는 일반적으로 고객의 최종 사용자나 기술자들이 주된 역할을 합니다. 구매 역시 이들을 지원하기 위해 RFI를 발행하여 관련 정보를 입수하고 잠재적 공급선들도 확인합니다. 예를 들면 신규로 도입하고자 하는 생산 장비의 규격, 성능, 납기, 소프트웨어, 가격, 설치 및 교육 훈련 지원 등에 대한 일반적인 정보를 수집하는 것입니다.

고객은 입수한 여러 정보를 검토하여 자신이 구매할 장비에 대한 제품의 사양을 완성하고, 필요한 시기에 맞추어 예산도 반영합니다. 이렇게 확정한 장비 사양서와 설치 및 교육 훈련 등의 관련 요구사항을 정리한 작업지침서와 납품물 목록 등을 하나의 패키지로 구성합니다. 고객은 공식적인 획득절차로 RFP를 발행하여 잠재적 공급선에게 제안서를 요청합니다. 물론 단순한 표준품인 경우에 품질, 가격, 납기 등을 위주로 문의하는 RFQ(Request For Quotation)를 발행하여 견적을 입수하기도 합니다.

고객은 잠재적 공급선에서 제안서를 입수하여 평가한 후 필요한 경우에는 실사 또는 실제 평가를 거쳐 우선협상 대상 공급선을 선정합니다. 구매 조직이 우선협상 대상 공급선과 협상을 거쳐 계약을 체결하면, 이후에는 이 공급선의 계약 이행을 관리·평가하여 공급선 기저를 구축하며 차후에 활용하기도 합니다.

고객과의 협상은 구매 대상의 규모, 복잡성 등에 따라 큰 노력과 오랜 시일이 투입되는 만큼 마케터는 자사 관련 부서의 협조를 받아 많은 준비를 하여야 합니다. 비즈니스 협상을 전문적으로 가르치는 미국 와튼스쿨의 다이아몬드 교수는 협상을 성공으로 이끈 요인으로 사람이 55%, 절차가 37%, 가격이 8%라고 합니다. 즉, 고객과의 협상에서 가장 중요한 성공 요인은 사람, 즉 관계라는 것입니다.[48] 즉, 앞에

---

48 스튜어드 다이아몬드 저/김태훈 역, 『어떻게 원하는 것을 얻는가』, 에이트포인트, 2017년

서 이야기한 것과 같이 비즈니스 마케팅의 특성상 가장 중요한 마케팅 자원은 바로 마케터입니다.

06
공급선은
어떤 기준으로 선정하는가?

　고객은 공식 발행한 RFP에 따라 잠재적 공급선이 제출한 제안서를 해당 요구도에 따라 평가합니다. 평가는 간단한 제품이나 서비스의 경우 일회성으로 마무리하기도 하지만, 복잡한 제품의 경우에는 공급 선들이 제출한 서류 평가뿐만 아니라, 공급선들의 역량 검증을 위한 현지 실사 및 공급선들이 제공할 제품과 서비스에 대한 모의 평가까 지도 포함됩니다.

　일반적으로 대부분의 구매 절차가 유사한 것처럼 고객은 입찰을 준비할 때부터 평가 계획을 준비하여 공정성을 담보합니다. 평가 계 획 중 평가 배점표는 입찰 공고 시 함께 공고하기도 합니다. 공급선의 제안서를 입수한 후에는 사전에 승인된 평가 계획에 따라 전문가들로 평가팀을 구성하고, 요구도별로 세밀하게 평가하여 우선협상 대상자 를 선정하고 계약을 추진하는 절차로 진행합니다.

[표 2-3. 공급선 선정을 위한 평가기준표 예시]

구분	탁월 5	우수 4	만족 3	수용 2	부족 0	N/A 0
품질 40% - 불량률 - 통계적 품질감사 준수 - 공급선 제공 샘플 성능 - 품질문제 대응성						
납기 25% - 과적 방지 - 생산 능력 확충 가용성 - 기술 샘플 납기 성능 - 변동 수요공급 대응성						
가격 25% - 가격 경쟁력 - 가격 인상율 억제 - 지속적 원가절감 계획 - 대금지불 조건						
기술 10% - 첨단 부품 기술 - R&D 역량 공유 - 설계 서비스 제공 능력 - 기술 문제 대응성						

상기는 미국 크라이슬러 자동차사가 공급선을 선정할 때 사용하는 평가기준표입니다.

크라이슬러사는 품질 40%, 납기 25%, 가격 25%, 기술 10%로 배점을 주고 평가하는데, 종합 91점 이상을 우수 공급선으로 선정합니다. 이 우수 공급선은 전장품 공급선 1,000개 중 300개에 해당하며, 연 3.5억 불의 구매액 중 80%를 공급합니다. 아울러 70점 이하는 자동으로 탈락합니다. 자동차산업에 관한 국내 연구에서도 완성차 업체와 부품 중소기업 사이에 거래 관계 형성 요인은 품질 경쟁력과 독자적 기술 경쟁력이 가격보다 더 중요한 요인으로 작용하고 있습니다.[49]

평가 요소와 배점은 고객마다 상황마다 다를 수 있습니다. 표준품에 대한 공급선을 선정할 때에는 QCD를 기준으로 하여 품질 30%, 납기 30%, 가격 40% 등으로 배점을 구분할 수도 있습니다. ISO에서 제정한 품질경영시스템 인증(ISO9001) 등의 품질 요건을 충족하지 못하는 표준품은 선정 대상이 될 수 없으므로, 실제적으로는 상황에 따라 가격이나 납기가 선정의 핵심 기준이 되는 것입니다. 예를 들면 긴급히 구매하여야 하는 상황에서는 납기 항목에 배점을 더 많이 주고, 장기 대량 구매의 경우에는 가격 항목에 더 많은 배점을 주는 것입니다. 주요 구성품이나 개발품에 대한 공급선을 선정할 때 1차로 기술 제안서 평가를 하여 요구도를 충족시키지 못하는 공급선들을 배제하고, 1차 기술 평가를 통과한 공급자들만을 대상으로 2차로 가격 제안서 등을 평가하기도 합니다.

정부 조직의 평가 기준 역시 크게 다르지는 않습니다. 다만, 법률로 정한 일정 규모의 프로젝트에서는 추가적인 평가 기준이 부가되기도 합니다. 예를 들어, 자국 기술력이 부족하여 불가피하게 해외 공급선에서 구매할 수밖에 없는 대형 프로젝트에서는 자국 업체와의 협력 및 기술 이전 등에도 부가적인 평가 배점을 주어 자국 내 일자리 창출 및 첨단 기술 확보 등을 꾀하고 있습니다.

---

49 최수호와 최정일 (2016), 자동차산업의 B2B와 글로벌가치사슬 정책방향. 한국콘텐츠학회논문지, 16(12)

고객의 공급선 선정을 위한 평가 기준과 관련하여, 하버드 비즈니스 리뷰는 2018년 3~4월호에서 지난 30년 이상의 연구를 통해 고객에 가장 중요한 가치가 무엇인지를 조사하여 이를 5단계, 40가지의 가치로 구성한 피라미드 그림을 다음과 같이 게재하였습니다.

　피라미드 하단에는 고객의 가장 기본적인 가치가 위치합니다. 즉, 요구 사양을 충족하고, 수용할 수 있는 가격으로, 법과 규정을 준수하며, 더 나아가서는 윤리적 기준까지 충족하여야 합니다. 그 위 두 번째 단계는 비용 절감, 확장성 등 회사의 경제적 혹은 제품 성능 요구를 해결해 주는 기능적 요소가 놓입니다. 이는 제조업 등 전통적 산업에서 오래전부터 중요하게 여겨졌던 요소들입니다. 고객이든 마케터든 간에 비즈니스 기업은 여전히 기능적 요소에 대부분 에너지를 집중하고 있습니다. 세 번째 단계는 비즈니스 환경을 개선해 주는 가치 요소입니다. 이 중 어떤 것은 고객의 생산성 개선, 운영성과의 개선 등과 같이 완전히 객관적 요소입니다. 그러나 이 단계에서는 당사자들 간의 관계를 개선해 주는 문화적 적합성, 고객을 위한 마케터의 노력 등 고객의 주관적 판단이 포함되는 요소도 나타납니다. 네 번째 단계는 개인적 요소로, 불안감 감소와 디자인 및 심미적 요소와 같은 구매자의 사적인 기준, 그리고 시장성 강화, 네트워크 확대 등과 같은 경력 관련 요소가 들어갑니다. 기업의 경영성과에 영향을 끼치는 의사결정을 해야 하는 구매자는 구매 실패에 대한 부담감을 가질 수밖에 없습니다. 피라미드의 가장 꼭대기에는 영감을 주는 가치 요소가 있습니다. 고객의 미래 비전을 개선해 주거나, 조직이나 개별 구매자

[그림 2-7. 비즈니스 고객 가치 피라미드]

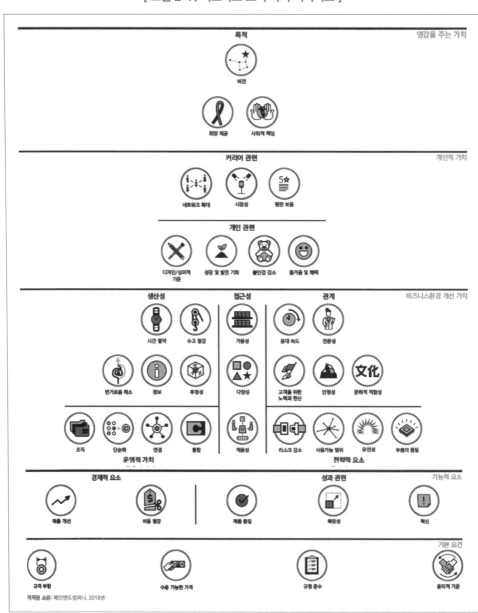

저작권 소유: 베인앤드컴퍼니, 2018년

의 미래에 희망을 주거나, 회사의 사회적 책임을 강화해 주는 요소입니다.[50]

마찬가지로, B2B 인터내셔널사의 조사에 따르면 고객의 의사결정 속성은 결국 양질의 제품, 높은 수준의 서비스, 공급선의 탁월한 명성, 낮은 가격, 높은 수준의 기술 서비스, 정시 납품 및 안정적 공급, 공급선과의 거래 용이성으로 귀결된다고 합니다.

따라서 마케터는 고객이 공급선을 선정하는 평가 기준에 민감하여야 합니다. 또한, 마케터는 이 평가 기준과 고객 가치와의 연계성을 주의 깊게 살펴서, 필요할 경우 평가 기준으로 명시되지 않더라도 고객이 중요시하는 가치를 파악하여 경쟁사와 차별하여 제안할 수 있어야 합니다. 고객에게 중요한 가치를 파악하기 위해서 하버드 비즈니스 리뷰는 먼저 고객과 대화할 것을 강조하고 있습니다.

고객이 공급선을 선정하면 다음은 계약 협상의 단계로 진행됩니다. 이 단계에서는 마케터가 단독으로 진행하기보다는 계약 전문 담당자나 변호사 등과 함께 팀을 구성하여 서로의 역할을 미리 준비하여 함께 진행하는 것을 추천합니다. 필요하면 마케터는 고객과 자사 간에서 계약 합의를 마무리 짓기 위한 조정자 역할도 하여야 합니다. 그래서 마케터 역시 주요한 계약 조항, 예를 들면, 계약의 목적물, 가격, 세금 및 부대비용 포함 여부, 대금 지급 방법, 납기 및 납지, 이행

---

50 B2B 시장의 고객가치를 해부하다. 「하버드비즈니스리뷰」, 2018년 3-4월호

보증 및 하자보증, 제조물책임(Product Liability), 계약 해지 및 편의 해지, 분쟁, 불가항력, 계약 변경 및 양도, 비밀 보호 및 유지, 계약 발효 등에 대해서는 인지하고 있어야 합니다. 특히 해외기업과의 계약의 경우에는 무역 거래에서의 대금 결제를 위한 신용장 거래 방식과 INCOTERMS, 준거법 등에 대해서도 추가로 인지하여야 합니다.

일부 공급선에서는 고객과의 계약 후 고객과의 원활한 의사소통과 성공적인 프로젝트 이행을 위하여 해당 프로젝트 관련 내용을 충분히

[표 2-4. 마케터가 인지하여야 할 계약 조건]

1. **계약의 목적물** : 목적물과 납품 기준을 구체적으로, 필요시 첨부 활용
2. **납품** : INCOTERMS에 따른 납지 조건 및 기간/시기
3. **가격** : 확정가 여부, 현지 세금 및 부대 비용 포함 여부, 가격 변동 여부
4. **대금지급** : T/T 또는 L/C 확인, 수수료 부담자
5. **이행보증** : 통상적으로 계약 금액의 10%, Bond 제시 가능 여부
6. **지체상금** : 일정 기간 유예, 전체 계약액이 아닌 해당 제품 지연에 대한 부과, 최대 10%
7. **제조물책임 (Product Liability)** : 귀책 사유에 의한 책임으로 배상 한정
8. **하자보증** : 하자의 범위, 보증기간 1년
9. **계약 해지** : 상대방의 중대한 의무 불이행 시
10. **편의적 해지** : 양 당사자의 편의에 따라 보통 사전 합의, 진행 부분 배상
11. **준거법** : 자국법을 선호하나, 일반적으로 중립적인 미국 뉴욕주법
12. **분쟁 해결** : 중재를 통한 문제 해결이 무난, 중재 기관및 중재지 합의
13. **불가항력** : 계약불이행 책임 면제, 천재지변 및 정부의 수출 통제 등을 포함하여 구체적 명기
14. **계약 변경** : 개발이 수반되거나 장기 계약의 경우
15. **계약 양도** : 상대방의 동의로 양도 가능
16. **계약조항 존속** : 계약 종료 후에도 비밀 유지 조항, 분쟁 해결 조항 등은 유효
17. **계약 발효** : 양 당사자의 서명 외에도 필요시 정부 승인을 효력 발생 요건으로 반영

인지하고 있는 마케터가 프로젝트 관리도 담당하거나 이 활동에 참여하기도 합니다. 성공적인 프로젝트 수행은 고객만족도를 높이며 고객 관계를 강화하고 더 나아가서는 후속 프로젝트의 기회까지도 만들 수 있기 때문입니다. 일부 고객 역시 자신들의 요구를 잘 이해하는 마케터가 프로젝트 관리 활동에도 참여하기를 요청하기도 합니다. 따라서 마케터의 활동 영역은 신규 프로젝트 수주를 위한 마케팅 활동으로만 제한되지 않고 해당 프로젝트의 성공적인 수행을 위한 프로젝트 관리 활동으로도 그 영역을 넓히고 있습니다.

2장. 비즈니스 고객의 특성 요약

- 마케터가 상대하는 고객은 구매전문가로, 구매 상황에 따라 의사결정에 대한 절차가 복잡하며, 장기적인 관점에서 공급선을 선정합니다.

- 기업의 재료비가 제조원가의 50% 이상을 차지하기 때문에, 기업은 구매를 이윤 창출의 전략적 핵심으로 여기고, 구매의 전문화, 구매의 집중화, 공급선 최적화 등을 통하여 원가경쟁력을 확보하고자 합니다.

- 구매 조직(Buying Center)은 구매 과정에 참여하는 이해관계자들로 구성되어 구매 의사결정을 하는 조직체입니다.

- 고객이 구매하는 상황은 단순 재구매, 수정 재구매, 신규 구매로 나눌 수 있습니다. 이 구매 상황에 따라 구매 절차나 구매 의사결정 과정의 복잡성 등이 달라집니다.

- 스펙인(Spec-In) 활동은 마케터가 고객의 구매 활동 초기 단계부터 고객의 문제를 해결할 수 있는 자사 제품과 서비스의 특성을 제공하고 이것이 최적의 솔루션임을 인지시켜 고객의 구매 사양에 선제적으로 반영되도록 유도하는 활동입니다.

- 고객의 구매 단계는 Make/Buy 결정 → 문제 인식 → 일반적인 특성 서술 → 제품사양 완성 → 공급선 조사 및 문의 → 공급선 제안서 검토 → 평가, 협상 및 선정 → 발주/계약 → 공급선 성과평가의 순서로 진행합니다.

- 공급선 제안서 평가는 품질, 가격, 납기를 기본으로 하지만, 기술 및 프로젝트 관리 등의 공급선 역량, 브랜드 및 평판 등도 중요한 평가 대상이며, 특히 고객 가치를 높이는 제안은 우수한 평가를 받을 수 있습니다.

- 형상 및 계약 과정에 참여하는 마케터는 주요 계약 조건을 인지하여야 하며, 계약 후 계약 이행을 위한 프로젝트 관리에 고객과의 장기적인 관계 관리를 위하여 마케터도 참여합니다.

BUSINESS MARKETING & PROJECT MANAGEMENT

BUSINESS MARKETING & PROJECT MANAGEMENT

시장세분화와
마케팅 전략

선두 기업은 수익성이 있는 잠재 고객 그룹을 잘 정의하고 선정하며, 제품 및 서비스에서의 차별적 가치를 개발하며, 수익성이 있는 고객의 확보, 개발, 유지에 마케팅 자원을 집중하는 특성이 있습니다. 고객은 모두 다르므로 고객별로 특화된 맞춤 솔루션을 제공하여 모든 고객을 확보하고 유지한다면 가장 이상적입니다. 그러나 기업의 가용한 자원의 한계로 인해 각 고객의 요구를 정확히 충족하는 개별적인 제품 및 서비스를 제공하는 것은 불가능합니다. 따라서 비용 효과적인 면에서 해당 사업 영역에서 수익성이 있는 잠재 고객을 포함하는 목표시장을 선정하는 데 필요한 것이 바로 시장세분화입니다. 즉, 시장세분화가 필요한 이유는 제한된 자원을 수익성이 있는 고객에게 집중하여, 고객이 원하는 것이 무엇인지를 정확히 인지하고 고객이 원하는 것을 제공하여 선택받을 수 있는 최상의 성과를 얻고자 함입니다.[51]

이러한 시장세분화를 통하여 우선순위의 잠재 고객을 목표시장으로 삼아 시장/고객, 경쟁사 및 자사 분석의 3C 분석과 이를 연결한 SWOT 분석을 통하여 사업 전략을 지원하는 기능 전략의 하나로 마케팅 전략을 수립하면 보다 효율적이고 성공 가능성이 큰 마케팅 활동 방향을 정하여 수행할 수 있습니다. 이렇게 시장세분화는 효율적이고 효과적인 마케팅 전략의 기초를 제공합니다.[52]

이에 따라, 3장에서는 마케팅 전략에 대한 일반적인 내용과 사업 영역, 곧 시장에 대한 거시적 환경분석을 이해하고, 시장세분화에 따른 우선순위의 목표 세분 시장을 선정하고, 이 세분 시장에 대한 마케팅 전략을 수립하기 위한 내용을 다뤘습니다.

먼저 마케팅 목표를 수립하고 이의 달성을 위한 마케팅 전략과의 관계를 파악하고 마켓 센싱(Market Sensing)을 바탕으로 기업에 영향을 미치는 거시환경분석을 이해하며, 시장세분화의 의의와 세분화를 위한 기준을 알아봅니다.

또한 세분한 시장 중에서 목표시장 선정을 위한 평가 방법과 진입 전략을 알아보며, 선정한 목표시장에서 실제적인 마케팅 전략 수립을 위한 3C 분석을 이해하며, 이를 바탕으로 SWOT 분석을 하여 마케팅 전략 방향의 수립에 대해 알아보도록 합니다.

51 김선율, 『모든 비즈니스는 마케팅이다』, 매일경제신문사, 2022년
52 김영찬, 강우성, 『비즈니스 시장 가치사슬 기반 B2B2C 마케팅 전략』, 학현사, 2020년

01

기업 전략과 마케팅 전략은
어떤 관계인가?

　비즈니스 마케팅과 고객의 특성에 대한 전반적인 이해를 바탕으로, 마케터가 목표로 한 특정 세분 시장에서 경쟁자와 차별적이고 우월적인 가치를 제공할 수 있는 마케팅 전략을 수립하고 이를 이해하기 위해서는 우선 마케팅 전략에 대한 일반적인 사항을 이해하여야 합니다. 기업의 전략 구성은 그 수준에 따라 가장 상위의 기업 전략, 그 중간 부분의 사업 전략, 그리고 이를 사업 전략을 지원하고 수행하기 위한 하부의 기능 전략으로 구분할 수 있습니다.

　가장 상위의 기업 전략은 어디에서 경쟁할 것인가에 대한 것으로, 기업이 보유한 자원을 투입하여 최고의 성과를 얻을 수 있는 사업 영역에 대한 것입니다. 사업 영역은 기업 규모에 따라 대기업의 경우에는 여러 개를 가질 수도 있고, 중소기업의 경우에는 하나의 사업 영역만을 가질 수도 있습니다. 여러 개의 사업 영역을 가진 기업에서는

BCG 매트릭스, GE 매트릭스 등의 분석 도구를 통하여 자원을 사업 간에 효율적으로 배분하고자 합니다. 기업의 기본 전략에는 규모를 확대하는 성장 전략, 기존의 규모를 유지하거나 서서히 늘리는 안정 전략, 기업의 규모를 줄이거나 자산을 처분 및 청산하려는 축소 전략, 그리고 2개 이상의 전략을 동시에 추구하는 절충 전략이 있습니다.

사업 전략은 차별적인 제품과 고객을 가지고 독자적인 활동을 통해 수익을 창출할 수 있는 책임 경영이 가능한 특정 사업 영역에서 어떻게 경쟁할 것인가에 대한 것으로, 마이클 포터 교수가 본원적 경쟁 전략에서 언급한 원가 우위, 차별화 및 집중화 전략이 있습니다.[53] 기업이 경쟁자와 차별화하는 방법으로는 우수한 서비스 또는 빠른 기술 지원, 우수한 품질, 신기술이 적용된 제품 등의 다양한 방법 등이 있습니다.

기능 전략은 사업 전략을 지원하기 위해 마케팅, 연구개발, 생산, 재무, 구매 등 기능부서 자원을 어떻게 가장 효율적이고 효과적으로 배분할 것인가에 중점을 둡니다. 마케팅 전략을 수립하기 위해서는 자사의 명확한 경쟁우위를 바탕으로, 가능한 모든 기회를 식별하고 평가하여 가장 성공할 수 있는 곳에 우선순위를 두어 선정한 목표시장에서 구매 조직의 특성을 파악하고, 구매할 대상에 초점을 맞추어 올바른 해법을 적기에 잠재 고객에게 제공하여야 합니다.[54]

---

53 정기환 외, 『경영학개론』, 시그마프레스, 2016년
54 www.info.mezzaniegrowth.com/blog/receipe-for-a-good-marketing-strategy

마케팅 전략은 기업의 목표에 부합하는 마케팅 목표를 달성하려는 방안으로, 흔히 소비자 마케팅에서는 4P 관점에서 누구에게 무엇을 얼마에 판매할지, 그것을 어떻게 인식시키고 어떻게 공급할지에 대해서 종합적으로 고려합니다. 그러나 비즈니스 마케팅에서는 가장 중요한 마케팅 요소인 인적 자원을 포함하여 5P로 고려합니다. 즉, 비즈니스 마케팅 전략은 마케터를 통하여 어느 고객에게 자사의 제품과 서비스를 어떻게 인식시키고 어떻게 공급할지 그리고 고객과의 관계를 어떻게 관리하여 장기적이고 안정적으로 유지하도록 할 것인가를 고려하는 것입니다. 여기에서 마케터의 주된 활동은 특정 시장에서 마케팅 목표를 달성하기 위해 고객의 가치를 식별하고 이를 충족하는 솔루션을 전달하기 위하여 마케팅 자원과 활동을 배분하고 조정하는 것입니다.

마케팅 목표는 기업의 목표와 일관성이 있어야 하며, 일반적으

[그림 3-1. 기업의 전략 단계]

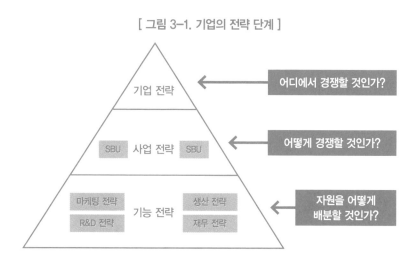

기업 전략 — 어디에서 경쟁할 것인가?

SBU 사업 전략 SBU — 어떻게 경쟁할 것인가?

마케팅 전략 생산 전략 기능 전략 R&D 전략 재무 전략 — 자원을 어떻게 배분할 것인가?

로 매출액, 시장점유율, 수익률, 신규 고객 확보, 마케팅 경비 등 전형적인 평가 기준 외에도, 고객만족도, 수주 성공률, 각 마케팅 믹스에 자원 할당, 수익성 있는 세분 시장/제품 선정 등을 함께 고려합니다.[55] 이러한 목표의 수립과 이의 진행 모니터링 및 달성 여부를 평가하기 위해 정량적인 지표인 핵심성과지표, KPI(Key Performance Index)를 활용합니다. KPI는 스마트(SMART)하게 작성하여야 합니다. SMART는 달성하려는 목표가 구체적이어야 하며(Specific), 진행 상황과 달성을 추적할 수 있어야 합니다(Measurable). 목표 달성은 현실적으로 가능하여야 하며(Achievable), 마케팅 목표가 기업의 성공과 직접 관련되어야 하며(Relevant), 기한이 특정되어야 합니다(Time bound).[56]

KPI는 사업조직, 팀, 개인의 단계별로 설정할 수 있습니다. 예를 들어, 마케팅 목표와 관련한 공작기계 사업부의 KPI가 "2023년 4/4분기까지 공작기계 부분의 매출액 10% 증가"라면, 이 사업부 하의 절삭기계팀의 KPI는 "절삭기계 부분의 매출액 15% 증가"로, 성형기계팀의 KPI는 "성형기계 부문의 매출액 5% 증가"로 수립할 수 있을 것입니다. 다시 절삭기계팀의 KPI를 각 팀원에게 할당한다면 "밀링머신 매출액 15% 증가", "머시닝센터 매출액 10% 증가", "선반 매출액 5% 증가" 등으로 수립할 수 있을 것입니다. 그리고 이러한 KPI를 기준으로 KPI 정의, 산출식, 지표분석주기, 지표관리부서 등을 포함하는 KPI 정

55 www.driveyoursuccess.com/2011/04/small-business-marketing-5-simple-key-performance-indicators-kpi.html
56 류쉬안 저, 임보미 역, 「지금 나에게 필요한 긍정 심리학」, 다연, 2019년

의서를 작성하면 기업의 전 구성원이 기업의 목표 달성을 위해 한 방향으로 움직일 수 있습니다.

마케팅 전략은 이러한 KPI로 구체화된 마케팅 목표를 달성하려는 방안입니다. 즉, 공작기계의 매출액을 10% 증가시키기 위해 각각의 마케팅 전략 요소, 즉 마케팅 믹스 관점에서 어떻게 이를 추진할 것인가를 기술하는 것입니다. 효과적이고 효율적인 마케팅 전략을 수립하기 위해서는 각 마케팅 전략 요소와 가용한 자원 간의 최적화에 중점을 두어야 합니다.

마케팅 전략 수립에는 전기 실적에 대한 분석을 통해 전략을 구성하고 조정할 필요가 있습니다. 예를 들어 절삭기계 부분에서 15%의 매출액 증가를 목표로 했는데 11%의 결과를 얻었다면, 전문 잡지에 광고 추가, 산업기계 전시회 참가 추가, 경력 인적 자원 추가 확보 등 전략의 변화가 필요한 것입니다.

02

마케팅 전략의 출발은
거시 환경분석에서부터

　　사업 전략의 하부 기능 전략으로서 마케팅 전략의 출발점은 참여하는 사업 영역, 곧 시장에 대한 상황을 정확하게 살피는 것에서부터 출발합니다. 현대와 같이 급변하는 경영 환경 속에서 기업은 경쟁사보다 신속 정확하게 정보를 수집하여 분석하고 최적의 의사결정을 내려 신속히 집행하여야 하는 압력을 받습니다. 이처럼 급변하는 환경에 적응하기 위해서 마케터는 평상시에 자신이 참여하고 있는 시장의 동향에 대하여 깨어있는 감각을 유지하는 '마켓 센싱'[57] 역량을 지녀야 합니다. 한때 지구상에서 최상위 포식자로 대적할 적수가 없었던 공룡이 자연환경의 변화를 올바르게 인식하지도 적절하게 대응하지도 못하여 멸종되었다는 점을 생각하면 마케터의 마켓 센싱 역량은 기업의 생존을 좌우할 수도 있는 가장 기초적인 필요 조건이 될 수 있

57　한상린, 『B2B 마케팅』, 21세기북스, 2011년

습니다. 국내 삼성 및 LG 등 대기업 사장들도 마켓 센싱 등의 역량 강화를 통해 마케팅 전략 기능을 강화하여야 한다고 강조합니다.[58]

마켓 센싱 역량을 갖춘 마케터는 사업과 관련되어 성과에 영향을 미치는 시장정보를 객관적, 체계적으로 수집하고 이를 구조화하여 저장하고 분석하여야 합니다. 시장에 대한 정보 수집 및 분석 활동을 통하여 마케터는 시장 규모 및 동향, 시장 기회 및 위협, 시장세분화, 고객의 차별적 가치 요소, 고객과 경쟁사의 전략 및 활동 등을 이해할 수 있습니다.[59] 과거와 현재의 시장정보가 꾸준히 축적되면 미래를 예측할 수 있는 통찰력으로 연결되어 경쟁우위를 확보할 수 있는 자산이 됩니다.

물론 사업 영역 전반에 대한 상황, 즉 거시 환경은 기업이 그 영향성을 통제할 수 없는 부분으로, 해당 산업계나 사업 영역에 모두 동일하게 적용됩니다. 따라서 거시 환경분석을 통한 신규 사업 기회 포착은 한계가 있습니다. 그러나 고객의 욕구와 선호도가 변화하는 시장 환경에서 기업이 적절하게 대응하지 못하면 기업의 성과는 감소하거나[60] 생존에 큰 영향을 미칠 수밖에 없습니다.

키어니사의 조사에서도 시장에 대한 정보를 많이 가진 기업은 그

58 신학철 LG화학 부회장 "고객에 집중···교토삼굴 지혜로 위기 극복", 머니투데이, 2023년 1월 2일
59 www.dnb.com/resources/how-to-perform-b2b-market-analysis.html
60 이성호 외 (2011), 시장지향성, 시장환경요인 및 산업특성요인과 마케팅성과측정수준과의 관계, 경영경제, 44(2)

렇지 않은 기업보다 이익이 86% 많습니다.[61] 최근 우리나라에도 시장에서의 기회와 위협을 신속 정확하게 식별하여 위기를 기회로 만든 사례가 있습니다. 2020년부터 본격적으로 확산한 코로나19 상황으로 인하여 전 세계 항공 여행객의 수요가 90% 이상 급감하자 전 세계 주요 대형 항공 운항사들이 막대한 손실을 겪으면서 이미 계약한 여객기 주문을 취소하거나 납품을 연기하는 상황에 대해서는 이미 앞에서도 이야기하였습니다. 이러한 상황에서 대한항공은 폭증하는 항공화물 운송수요에 대한 변화를 재빨리 인식하였습니다. 이에 따라 대한항공은 속전속결로 여객기를 화물기로 개조하여 화물기 운항에 역량을 집중시키며 화물 수송을 극대화하여 대형 항공 운항사 중 유일하게 오히려 2분기에 영업이익을 흑자로 전환하였습니다.[62]

[그림 3-2. 대한항공 경영 실적]

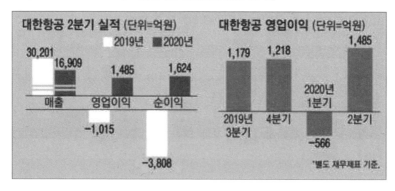

61 https://www.nl.kearney.com/strategy-and-top-line-transformation/article/-/insights/profitable-pricing-a-competitive-strategy-for-contested-b2b-markets
62 대한항공 1500억 '깜짝흑자'…역발상 빛났다, 매일경제, 2020년 8월 6일

마케팅 전략과 밀접한 관련이 있는 사업 영역에 대한 시장정보에 대한 분석은 흔히 거시 환경분석이라고 하며, 구체적으로 정치적/법적(Political/Legal), 경제적(Economical), 기술적(Technical), 사회문화적(Social), 산업적(Industrial) 환경으로 구분하며, 각 세부 환경에 대하여 주시하여야 할 주요 요인은 다음과 같습니다. 특히 산업적 환경에서는 마이클 포터의 5 Force Model에서 언급한 것과 같이 산업 내에서 이미 알려진 경쟁 외에도 훨씬 넓은 범위에서 잠재적 진입자 및 대체재에 의한 경쟁도 고려하여야 합니다.[63]

이러한 정보를 가장 손쉽게 확보할 수 있는 원천으로는 인터넷이 있습니다. 그러나 인터넷 자료의 신뢰성은 보증할 수 없어서 가능하면 교차점검을 하는 것이 필요합니다. 반면, 자료의 신뢰성도 확보할 수 있는 유용한 자료로는 흔히 2차 자료라고 하는 통계청과 같은 정부 기관이나 상공회의소 등이 통계적인 목적 등을 위해 이미 조사한

[표 3-1. 거시적 환경 시장 요인]

구분	주시하여야 할 요인
정치적/법적 환경	수입규제, 수출허가, 부패방지법, CSR, 환경 책임 등
경제적 환경	산업구조 변화, 수출입 수지, 환율 전망, 이자율 등
기술적 환경	정보기술의 발전, 기술의 수명주기, 새로운 기술, 특허 등
사회문화적 환경	인구통계, 노령화, 이해관계자, 윤리 규범 등
산업적 환경	산업 규모 및 전망, 진입 장벽, 원가 구조, 경쟁업체 등

---

[63] 박정은 외, 「고객가치기반 마케팅」, 박영사, 2020년

자료가 있습니다. 그러나 이 2차 자료 역시 마케터가 원하는 정보를 정확히 제공할 수 없다는 한계를 가진다는 점도 알고 있어야 합니다.

시장정보 원천 중 고객과의 인터뷰는 가장 중요한 정보 원천입니다. 자신이 고객의 가치 제고 방안을 개선하고자 한다는 의향을 전달하면, 고객 대부분은 기꺼이 자신의 요구사항, 불만 사항, 경쟁 현황 등에 대해 많은 이야기를 들려줄 것입니다. 아울러 경쟁사 고객과의 인터뷰에서는 자사에 대한 인식, 경쟁사를 선택한 이유, 공급선을 변경하는 이유 등에 대해서 들을 수가 있습니다. 그러나 이러한 인터뷰는 기업의 영업 기밀과 관련되고 전문성이 요구되기 때문에 가능하면 컨설턴트와 같은 독립적인 전문가를 활용하여 자사와 경쟁사의 고객 및 잠재 고객에게 접근하는 것을 추천합니다.[64]

또한, 시장에서 잠재 고객 및 경쟁사의 활동, 신기술 추세, 시장 규모나 전망 등에 대한 신뢰성 높은 자료를 입수하고 활용하기 위해서는 해당 산업계의 전문 연구조사 기관 및 컨설팅 기업에서 해당 자료를 구매할 수도 있습니다. 해당 산업계의 전문가와의 교류를 통해 관련 정보를 입수할 수도 있으며, 정부 기관과 연구소 등이 제공하는 정보 등도 자료 확보의 훌륭한 원천이 될 수 있습니다. 업계의 상시적인 정보를 수집하려면 업계 전문 잡지를 구독하는 것도 도움이 됩니다. 최근에는 업계 전문 잡지를 출간하는 업체들이 자신이 구축한 방대한 정보를 바탕으로 컨설팅 서비스까지 그 영역을 넓히고 있으니 참조하

---

64 www.intotheminds.com/blog/en/how-to-market-research-b2b/

기를 바랍니다.

　기업이 참여하는 산업계의 관련 전시회도 훌륭한 교류의 장이며 정보 수집의 원천입니다. 전시회를 최대로 활용하기 위해서는 전시회 참가뿐만 아니라, 전시회에서 세미나나 회의의 후원자가 되어 인지도를 높이고, 대형 고객과의 서명식을 체결하고, 자사 주최 이벤트에서 자사에 우호적인 저명인사가 연설하도록 하고, 잠재 고객 및 현고객과 네트워킹을 하는 종합적인 활동이 필요합니다. 기타 공급선이나 운송업체, 대리인 등 공급망 상의 구성원을 통해 정보를 수집할 수도 있습니다. 대부분의 공급선은 자사 제품을 한 고객에게만 공급하는 것이 아니라 경쟁사에도 공급하기 때문에 시장 흐름 등의 전체에 대해 잘 알고 있을 수 있습니다.

[그림 3-3. 시장정보의 원천]

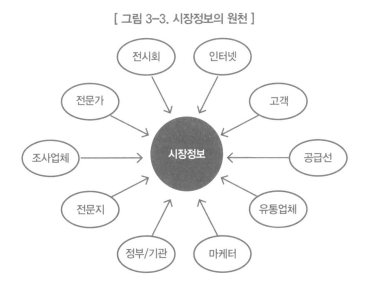

03

적합한 세분 시장은
어떻게 찾는가?

　기업은 유한한 자원으로 인하여 모든 사업에 참여할 수 없습니다. 따라서 기업은 유한한 자원을 자사에 적합한 최적의 시장에 투입하여 최대의 성과를 얻고자 합니다. 이렇게 자사에 적합한 최적의 시장을 찾고 이에 집중하여 성과를 얻고자 하는 노력이 시장세분화이며, 이가 실질적인 마케팅 전략의 출발점이 됩니다.

　시장세분화는 '다양한 고객의 요구가 혼합된 전체 시장을 동질적 요구를 지닌 현재 또는 잠재 고객의 그룹으로 나누는 것'이라고 정의할 수 있습니다. 시장세분화를 하면, 세분화된 고객의 독특한 요구를 더 잘 파악할 수 있습니다. 그래서 시장세분화는 그 요구를 충족할 수 있는 제품 개발을 안내하며, 수익성이 있는 가격 전략을 수립하고, 적절한 유통경로를 선정하고, 더 공감할 수 있는 홍보 메시지를 개발하고, 마케터를 훈련하고 배치하는 데 도움을 줍니다.[65] 그리고 시장세분화는 여러 시장에서 활동하는 기업에 마케팅 자원을 어떻게 효율적으로 배분할 것인가에 대한 지침을 제공합니다. 실제적으로도 Canon은 새로운 시장 개척에 올바른 세분화 전략을 통해 시장점유율을 최대 40%까지 확보하기도 하였으며, 거대 보험사인 MetLife는 고객을 조사한 후 빅데이터 클러스터링 기법을 사용하여 더 소그룹으로 분류하여 고객 확보 비용을 최대 8억 불을 절약하기도 하였습니다.[66]

컨설팅 기업인 메르세르사의 조사에 따르면, 많은 기업에서 세분 시장의 약 1/3에서 수익이 나지 않지만, 이 세분 시장의 고객을 확보하고 유지하기 위해 마케팅과 고객 서비스 비용의 30~50%를 사용하는 것으로 나타납니다. 따라서, 마케터는 각 세분 시장별 원가, 매출, 수익 등을 분석하여야 하며, 이를 통해 세분 시장별 전략을 수정할 수도 있습니다. 이처럼 시장세분화는 마케팅 기획과 통제를 위한 분석의 기초를 제공합니다.

소비자 시장에서의 시장세분화는 구매자 성별, 나이, 직업, 소득 등과 같은 개인의 특성, 지리적 특성, 행동, 관심 및 의견 등의 라이프 스타일 등을 기준으로 합니다. 반면 비즈니스 시장에서의 시장세분화는 기업의 규모, 사용 목적 등과 같은 특성 및 구매자의 의사결정 스타일, 평가 기준 등을 기준으로 합니다. 비즈니스 시장세분화에서도 소비자 시장세분화와 같이 설문 조사를 통하여 구매 특성, 구매 중점

---

65 https://www.adience.com/blog/how-to/how-to-conduct-a-b2b-market-segmentation/
66 https://peertopeermarketing.co/b2b-segmentation/

[그림 3-4. 시장세분화]

가치 등 답변이 유사한 응답자들끼리 소수의 그룹으로 나누어 그 특
성을 구분하는 군집 분석 방법을 사용할 수도 있습니다.

　비즈니스 시장세분화에 효과적인 방법은 거시적 관점에서 시장세
분화를 한 후에 미시적 관점에서 시장세분화를 하는 것입니다. 거시
적 관점에 따른 세분화는 '누가 구매했는가?'라는 기저로 구분하며, 이
에는 구매 조직의 특성, 사용, 구매 상황을 기준으로 구분할 수 있습
니다.
　　• 구매 조직의 특성에 따른 시장세분화는 ① 매출액과 종업원 수
　　　에 따라 대기업, 중견기업, 소기업과 같이 구분할 수 있는 기업
　　　규모, ② 지리적 위치, ③ 비사용자부터 다 사용자까지의 사용 빈
　　　도, ④ 통합구매 또는 분산구매 하는 구매 조직의 방식 등의 기준

에 따라 세분화할 수 있습니다. 다 사용자는 저 사용자와는 다르게 기술 지원 및 납기에 더 가치를 두며, 통합구매 조직은 장기적 공급 관계 구축을 희망하지만, 분산구매 조직은 단기적 가격 효율성에 관심을 둡니다.

- 사용 특성에 따른 시장세분화는 ① 산업 분류, ② 최종 시장, ③ 사용 가치에 따라 세분화할 수 있습니다. 산업 분류는 기업이 수행하는 산업활동을 그 유사성에 따라 체계적으로 분류한 것으로, 국가마다 다른데 우리나라는 통계청의 한국표준산업분류(Korean Standard Industrial Classification; KSIC) 기준에서 확인할 수 있습니다. 또한, 전 세계 시장을 대상으로 하는 마케터는 국제적으로 통용되는 상품분류체계인 조화체계(Harmonized System; HS)를 이용할 수도 있습니다. 최종 시장에 따른 분류는 최종 사용자인 고객을 기준으로 구분하는 것입니다. 사용 가치에 따른 시장세분화는 프리미엄 고객, 일반 고객, 저가형 고객으로 나누는 것입니다.

고객의 구매 상황도 시장세분화의 기준이 됩니다. 이에는 구매 상황 형태, 구매 의사결정 단계의 세분화 기준이 있습니다. 신규 고객은 재구매 고객과는 다른 정보를 요구할 수도 있습니다. 구매 의사결정 단계도 초기인지 또는 말기인지에 따라 마케팅 전략이 달라질 수 있습니다.

조사에 의하면, B2B 마케터의 92%가 목표시장 선정을 위해 시장세분화 활동을 하며, 시장세분화를 위해서는 마케터의 81%가 위와

[표 3-2. 거시적 시장세분화 기준]

변수	예시
구매조직의 특성	
– 기업 규모	– 대기업, 중견기업, 소기업
– 지리적 위치	– 동부, 서부, 남부, 북구, 중부
– 사용 빈도	– 다사용자, 중사용자, 비사용자
– 구매 방식	– 통합구매, 분산구매
제품/서비스 사용	
– 산업 분류	– 제품과 서비스에 따라 상이
– 최종 시장	– 제품과 서비스에 따라 상이
– 사용 가치	– 프리미엄, 일반형, 저가형
구매 상황	
– 구매 상황	– 신규 구매, 수정 재구매, 단순 재구매
– 의사결정 단계	– 초기, 말기

같은 거시적 관점의 시장세분화 기준을 활용합니다.[67]

　비즈니스 마케터에게 시장을 구매 조직의 특성, 사용 특성, 구매 상황 등 거시적 관점으로 세분화하는 것은 일차적인 작업일 뿐입니다. 예를 들어, 시장을 대기업, 중견기업, 소기업으로 분류하는 것은 각 시장의 규모와 자신의 자원을 고려하여 집중할 목표시장을 선별하는 것에는 도움이 될 수 있어도, 각 세분 시장별 실질적인 마케팅 전략을 수립하기에는 부족합니다. 이에 따라 '왜 구매했는가?'에 관한 행동주의적 접근법으로, 평가 기준, 구매 정책, 구매 조직 구조 등을 세분화 기준으로 삼는 미시적 관점의 시장세분화가 추가로 필요합니다. 그

---

67 www.circle.com/blog/how-to-write-a-b2b-marketing-plan

[표 3-3. 미시적 시장세분화 기준]

변수	예시
핵심 평가 기준	품질, 납기, 기술 지원, 가격, 공급선 평판 등
구매 전략	통합구매, 분산구매
구매 조직의 구조	주요 의사결정권자의 참여
구매의 중요성	매우 중요 ~ 중요하지 않음
공급선에 대한 태도	호의적 ~ 적대적
조직의 혁신성	혁신자 ~ 추종자
개인적 특성 – 동태적 – 의사결정 – 리스크 – 자신감	 – 연령, 학벌 수준 등 – 중립적, 보수적, 또는 혼합적 – 리스크 감수형, 리스크 회피형 – 고, 저

러나, B2C 마케팅과 비교하면 사업 단위가 많지 않은 비즈니스 마케팅의 경우에는 미시적 관점의 추가적인 시장세분화는 의미가 적을 수 있습니다. B2B 인터내셔널사의 조사에 따르면 소비재 기업은 보통 10~12개 정도의 세분 시장을 갖지만, B2B 기업은 보통 3~4개의 세분 시장을 보유합니다. 따라서, 거시적 시장세분화를 통한 세분 시장 내에서 각 잠재 고객에 대한 분석에서 확인할 내용으로도 대신할 수도 있습니다.

04
선정한 세분 시장에는
어떻게 진입하는가?

자사에 매력적인 세분 시장의 우선순위를 결정하기 위해서는 계량적인 평가가 필요합니다. 하기의 표는 세분 시장의 우선순위를 평가하기 위해 크게 3가지, 규모 및 성장, 매력도/수익성, 회사 목표 및 자원의 범주로 평가합니다. 이 평가 기준 항목은 조정이 가능하므로 자사의 사업에 맞추어 평가 기준을 수정할 수도 있습니다. 예를 들어, 특정 시장에 대해서는 기업 이미지의 적합성도 중요할 수 있습니다.

이렇게 세분 시장에 대한 평가를 통해 마케터가 집중할 목표시장에 진입하기 위해서는 다음과 같은 전략을 검토합니다.

첫째, 제품/시장 전문화 전략이 있습니다. 단일 구획 전문화라고도 하며, 그 시장이 다른 구획으로의 확장을 위한 교두보가 될 수 있을 때 이 전략을 채택합니다. 강력한 시장 지위를 유지할 수 있고 생산, 유통, 촉진 비용을 절약할 수 있습니다. 하나의 제품과 기술에 국한된 대부분 중소기업이 이 전략을 사용합니다.

[표 3-4. 세분 시장 평가 기준]

평가 기준		가중치	세분시장1	세분시장2	세분시장3
규모 및 성장	현재 및 미래 시장 규모				
	연평균 성장률				
	예상 수익률				
매력도 /수익성	경쟁사의 수 / 경쟁강도				
	대체품의 존재 여부 및 가능성				
	구매자의 협상력				
	공급자의 협상력				
	시장진입 장벽				
회사 목표 및 자원	회사의 중장기 목표와 일치 정도				
	인적/물적/기술적 자원의 보유 정도				
	기존 사업과의 시너지 창출				
계		100			
우선순위					

둘째, 제품 전문화 전략이 있습니다. 한 가지 제품으로 다양한 고객층에 판매하는 전략으로, 주어진 제품 분야에서 강력한 명성을 구축할 수 있습니다. 예를 들어 가구 업체인 퍼시스는 기업, 관공서 및 병원 등의 사무용 가구를 전문적으로 취급하고 있습니다.

셋째, 시장 전문화 전략이 있습니다. 특정 고객층이 지닌 서로 다른 여러 욕구의 충족에 집중하는 전략으로, 당해 고객으로부터 강력한 명성 확보가 가능합니다. 예를 들어 한 대학교가 필요로 하는 각종의 설비와 기자재를 총체적으로 공급하는 것입니다.

넷째, 선택적 전문화 전략이 있습니다. 수익성이 높고 기업의 자원이나 목표와 부합되는 몇 개의 시장만을 선별해서 진출하는 전략으로, 리스크를 분산할 수 있습니다. 예를 들어, 만도위니아의 경우 산업용 에어컨 생산에서 일반 소비재인 딤채를 출시하였습니다.

다섯째, 완전 포괄 전략이 있습니다. 이는 모든 제품을 제공하는 경우로, 비즈니스 시장에서는 주로 너트, 볼트 등과 같이 다양한 표준품을 취급하는 공급선이 이 전략을 사용하고 있습니다.

목표시장 진입 전략은 해당 시장에서의 제품 및 서비스 추진 전략도 연관됩니다. 예를 들어, 제품 전문화 전략은 자연스럽게 많은 고객에게 표준화된 제품 및 서비스를 개발하여 대량판매를 통한 수익을 창출하는 표준화 전략으로 이어집니다. 이는 주로 원재료, 기본제품, 문구류 등 주로 일상용품과 관련된 기업에서 사용하는 가격 선도형

[그림 3-5. 목표시장 진입 전략]

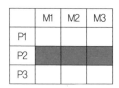

제품/시장 전문화   제품 전문화

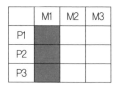

시장 전문화

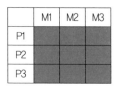

선택적 전문화   완전 포괄

전략입니다. 반대로, 제품/시장 전문화나 선택적 전문화 전략은 소수 고객의 개별 니즈에 맞춘 주문을 받아 만드는 제품 및 서비스를 제공하여 프리미엄이 높은 가격으로 판매하는 차별화 전략으로 이어집니다. 이는 플랜트, 정보시스템 개발 등의 사업에 적용됩니다.

시장세분화에 따라 대고객 전략도 달라져야 합니다. 소수의 핵심 고객에게는 전담 마케터가 배치되어야 하고, 일반 고객에게는 해당 제품이나 시장세분화 담당 마케터가 배치되어야 합니다. 또한, 누가 어떤 특정한 고객 서비스를 제공할 것인가, 어떤 의사소통 방법으로 목표 고객에게 마케팅 메시지를 전달할 것인가 등을 고려하여야 합니다.

05
세분 시장에 대한
미시 환경분석

　기업이 통제할 수 없고 해당 사업에 동일하게 적용되는 거시적 환경과 비교하여, 경쟁사 대비 자신의 역량을 차별화하여 고객의 마음속에 위치를 잡는 것은 오히려 특정 세분 시장에 대한 분석을 통하여 가능합니다. 우리는 이를 미시 환경분석이라 하며, 이 분석을 위한 방법으로는 3C 분석이 있습니다. 3C는 Customer(고객), Competitor(경쟁사), Company(자사)의 첫 글자입니다. 특정 세분 시장에서의 고객, 경쟁사, 자사는 항상 변하기 때문에 3C 분석은 지속해 실시하는 것이 필요합니다.

　마케터에게는 고객을 이해하는 것이 가장 중요하기 때문에 고객 분석부터 시행하는 것이 좋습니다. 고객 분석에서는 기업이 목표로 하는 고객을 식별하고, 이들의 특성, 가치 등을 파악하고 이해하는 것입니다. 목표 고객의 일반 운영 및 재무 현황, 고객의 고객, 제품 및 서비스, 경영진과 주요 임직원의 프로파일, 기업 및 구매의 전략, 핵심 가치 등이 이에 해당합니다. 특히 이 책의 2장 비즈니스 고객의 특성에서 언급한 내용과 같이, 목표 고객의 구매 환경 및 구매 정책, 구매 상황, 예산 및 일정, 구매 조직 구성, 구매 의사결정 체계 및 공급선 선정 기준 등은 마케팅 전략을 수립하고 마케팅 활동을 펼치는 데 매우 중요한 정보로 반드시 확보하여야 합니다. 고객 분석을 위해서는 마케터가 고객을 직접 만나 대화하거나 선별한 고객과의 집중적인 논의를 위한 포커스 그룹 인터뷰도 좋습니다. 그러나 이뿐만이 아니라 고객과 접촉하는 지원 부서 요원 등 모든 자사 인력이 고객에 대한 정보를 수집하고 마케터와 공유하는 것도 중요합니다. 최근에는 SNS 등 디지털 매체를 통하여 고객 의견을 수집하는 것도 의미가 있습니다.

경쟁사 분석은 주요 경쟁사를 식별하고 이들의 사업 모델, 가치 제안, 웹 활동, 마케팅 캠페인 주제, 마케팅 전략 등을 조사하는 것입니다. 마이클 포터는 "전략은 경쟁사에 비교하여 독특하고 차별적인 고객 가치를 발견하는 것에 관련된 것이기 때문에, 경쟁사 분석은 전략의 중추적 요소이어야 한다."라고 강조하고 있습니다. 그러나 마케팅 전문가의 74%가 경쟁사 분석이 "중요하거나 매우 중요하다"라고 하지만, 단지 40%의 마케터만이 경쟁사 분석 결과를 전략에 반영하고 있습니다.[68]

---

[68] https://goldenspiralmarketing.com/insights/guide/7-steps-healthtech-competitive-analysis/

경쟁사 분석은 자사의 주요 경쟁사를 식별하는 것으로부터 시작합니다. 경쟁사는 직접 경쟁사와 간접 경쟁사로 나눌 수 있습니다. 직접 경쟁사는 자사 제품에 대한 대체품으로 바로 인식할 수 있는 제품 또는 서비스를 제공하는 경쟁사입니다. 간접 경쟁사는 제품이 아닌 동일한 고객 요구를 충족하거나 동일한 문제를 해결할 수 있는 제품이나 서비스를 제공하는 경쟁사입니다. 우리는 일반적으로 직접 경쟁사와의 경쟁에만 집중하지만, 간접 경쟁사도 언제든지 직접 경쟁사의 영역으로 진입할 수 있으므로 계속 관찰하여야 합니다. 바로 이것이 주기적으로 경쟁사 분석을 수행하여야 하는 이유 중의 하나입니다. 시장은 언제든지 바뀔 수 있으며 계속해서 관찰하지 않으면 이러한 변화를 인식하지 못할 수 있습니다.

경쟁사에 대한 많은 정보는 이들의 공개된 웹사이트에서 기업의 전략 방향, 사명, 진행 중인 사업, 마케팅 활동 현황, 재무제표 등을 찾을 수 있습니다. 미국 기업을 대상으로 한 조사에서도, 응답 기업의 57% 이상이 마케팅 관련 경쟁사 정보를 수집 및 분석하고 있으며, 경쟁사 정보를 얻는 최고의 원천은 경쟁사의 웹사이트라고 응답하였습니다.[69] 웹사이트와 연계된 블로그, 백서, 전자책, 팟캐스트, 웨비나, 인포그래픽, 기사/보도 자료 등을 통해 이들의 마케팅 콘텐츠와 고객에게 전달하는 메시지도 확인할 수 있습니다. 또한, 제반 산업전시회에서 경쟁사의 참여, 부스 크기, 주요 활동 등을 확인할 수 있으며, 다

---

[69] www.crayon.co/hubfs/Ebooks/2020-State-of-CI--Report-Crayon.pdf

[표 3-5. 수집할 경쟁사 정보]

현재 상태	예측 전망	비용	조직 및 운영
가격 및 결정 방법	전략 계획	제조비	기업 운영 스타일
매출 구성/추세	신제품 계획	마케팅비	서비스 역량
시장점유율 변화	확장 계획	광고비	제조 공정
주요 고객	인수/합병 가능성		기업조직 구조
광고/마케팅 활동	R&D 활동		임직원 교체
기업 평판	제품 디자인		자금조달 관행
공급망 구성	특허		법적 문제
			임직원 보상체계

양한 뉴스 매체를 통해 경쟁사들의 활동을 관찰할 수 있습니다. 경쟁사를 깊이 파악할수록 이들의 차별적 요소를 명확하게 파악할 수 있습니다. 유용하다고 알려진 경쟁사 정보는 위의 표와 같습니다.

　자사 분석에서는 자사가 경쟁우위를 확보할 수 있는 자산에 대한 통찰력이 필요합니다. 기업이 경쟁우위를 확보할 수 있는 자산의 원천으로는 첫째, 고객 가치 제공 과정에서 소모되는 유형적인 생산 요소로, 공장, 토지, 재고품, 건물 등과 같은 유형자산이 있습니다. 둘째, 소모됨이 없이 고객 가치 제공에 이바지하나 눈으로 보거나 손으로 만질 수 없는 생산 요소로 브랜드, 신용, 특허, 기업 평판, 저작권 등의 무형자산이 있습니다. 셋째, 유형·무형 자산을 제품과 서비스로 전환시키는 프로세스 및 활동인 조직의 능력이 있습니다. 넷째, 기업의 무형·유형 자산을 우월한 고객 가치로 전환하는 핵심적 프로세스 및 활동을 가능하게 하는 개인의 숙련과 재능, 조직의 능력, 학습 등인 핵심역량이 있습니다. 핵심역량은 경쟁사보다 뛰어나고, 경쟁사가 모방하기 어렵고, 지속성이 있는 고객 가치를 창출할 수 있고, 타 사업으로 전개할 힘이 있는 것이라야 합니다.[70]

경쟁사보다 우수한 고객 가치를 창출하는 자사의 핵심역량을 확인하는 방법으로는, 마이클 포터 교수가 제시한 '가치사슬'을 활용합니다. 가치사슬은 기업이 고객에게 가치를 제공하기 위해 수행하는 활동을 직접적으로 가치를 창출하는 구매, 제조, 물류, 판매, 서비스 등의 본원적 활동과 이 본원적 활동이 가능하도록 지원하는 활동으로 구분합니다.[71] 마이클 포터 교수는 기업은 가치사슬을 구성하는 각 활동에서 경쟁자보다 더 큰 고객 가치를 창출하여야 한다고 주장합니다. 가치사슬 분석은 이러한 각 활동에서 경쟁우위를 평가하여 경쟁사 대비 강점과 약점을 파악하여 어떤 활동에서 경쟁우위를 강화할 것인가를 알려주는 도구입니다. 다만, 마이클 포터 교수의 가치사슬은 전통적 제조업에 기반을 둔 것으로, 현재에는 적절한 변형을 통해 자사의 상황에 맞게 활용할 필요가 있습니다.

특정 세분 시장에 대한 시장정보는 고객과 추세, 고객 행동 등을 이해함으로써 기업이 경쟁력을 유지하고 시장 요구를 충족할 수 있도록

---

70 미타니 고지 저/김정환 역, 『경영전략 논쟁사』, 엔트리, 2013년
71 https://mbanote2.tistory.com/entry/마이클포터의-가치사슬모형-기업활동의-비용구조를-분석한다

해줍니다. 시장정보는 고객이 필요로 하는 개선 영역을 분석하고 통찰력을 제공하여, 고객을 유지하고 고객의 가치를 이해하는 데 도움이 됩니다. 또한, 시장정보는 시장을 세분화하는 데 도움이 되며, 경쟁사와의 차이를 식별하고 중요한 전략 수립을 위한 통찰력을 제공할 수 있습니다. 그리고 시장정보는 경쟁 상황, 향후 추세를 이해하게 하고 시장에 대한 전체적인 그림을 보여주어, 기업이 신제품을 적기에 출시하거나 시장에 침투하거나 시장점유율을 확대하도록 하여 경쟁 우위를 창출하도록 지원합니다.[72]

---

[72] www.questionpro.com/blog/market-intelligence

06

SWOT 분석은 마케팅 전략에
어떻게 도움이 되는가?

스탠퍼드 연구소의 앨버트 험프리가 고안한 SWOT 분석은 선정한 목표시장에서의 해당 사업에 대한 포괄적인 분석을 제공합니다. SWOT 분석을 통해 마케터는 직면하고 있는 주요 전략적 안건을 이해하고 이에 대응하는 것이 가능합니다. SWOT 분석은 전반적인 수요, 정부 정책, 경제 상황, 기술 발전 등이 포함된 거시 환경과 고객 환경을 분석하여 이를 자사에 대한 '기회'와 '위협' 요건으로 정리합니다.

다음에는 고객에게 가치를 전달하는 일련의 활동인 가치사슬에 기반하여 자사와 경쟁사를 분석하여 경쟁사 대비 자사의 '강점'과 '약점'을 정리합니다. 마케터는 이러한 SWOT 분석을 통하여 자사의 강점을 살리고 약점을 극복하기 위한 마케팅 전략을 수립하고 이를 수행합니다.

- 기회에는 제품이나 수요에 대한 수요를 진작시키고, 기업의 경쟁 위치를 제고시키는 기업 환경에 대한 우호적인 현재나 미래의 상황으로서, 동향·변화·잠재적 니즈 등이 포함됩니다.
- 위협에는 현재나 미래의 기업 경쟁력을 침해하거나 위협하는 비우호적 상황이나 동향, 또는 임박한 변화로, 기업에 문제·손해·악영향·손실을 유발하는 모든 것을 말합니다.
- 강점은 기업을 시장에서 타 기업들보다 경쟁력 있게 만드는 요소로, 기업의 성과 목표 달성을 위해서 효율적으로 이용될 수 있는 자원이나 역량을 의미합니다.
- 약점은 기업의 목표 달성을 저해하는 기업의 한계나 단점, 또는 결함으로, 기업이 제대로 수행해내지 못하는 부문, 또는 경쟁사보다 열등한 자원이나 역량을 의미합니다.

이러한 SWOT 분석과 전략은 일반적인 접근법을 제시할 뿐입니다. 이러한 분석을 통해서는 목표시장에서 자사에 주어진 상황을 더

[그림 3–6. SWOT 분석과 전략]

		내부환경	
		강점(S)	약점(W)
외부환경 / 고객	기회 (O)	〈 O/S 전략 〉 – 시장 기회 선점전략 – 시장/제품 다각화 전략	〈 O/W 전략 〉 – 핵심역량 강화 전략 – 전략적 제휴
	위협 (T)	〈 T/S 전략 〉 – 시장 침투 전략 – 제품 확충 전략	〈 T/W 전략 〉 – 시장 철수 전략 – 시장/제품 집중화 전략

객관적으로 볼 수 있게 도와주는 것입니다. 실제적으로는 이러한 분석을 통하여 확인한 제반 요소들을 어떻게 전략적으로 활용할지가 더 중요한 것입니다.

아래 그림은 특정 국가를 대상으로 대형 시스템 프로젝트에 대한 본격적인 마케팅 활동을 펼치기 전에 SWOT 분석을 통하여 마케팅 전략 방향을 구상하고 이 요소들을 5P에 맞추어 세부적인 활동을 추진한 사례입니다.

SWOT 분석의 장점으로는 기업의 많은 환경 요인들을 4개의 개념으로 단순화할 수 있고, 다양한 부문의 분석에 사용할 수 있으며, 핵심 안건 파악이 쉽습니다. SWOT 분석을 사용하여 외부 기회와 내부 강점을 결합한다면 '경쟁우위'를 창출할 수 있는 안목을 제시할 수 있습니다. 그러나 SWOT 분석은 '분석'이 아니라 단순한 정리 도구로서,

[그림 3-7. SWOT 분석에 따른 마케팅 전략 예시]

			내부 환경	
			강점	약점
			• 경쟁자 대비 낮은 운용유지비 • 경쟁자 대비 지리적 강점 • 현지업체와의 협업 가능 • 정부 수출 지원 확보 가능	• 경쟁자 대비 성능 열위 • 경쟁자 대비 가격 변별력 부재 • 현지 고객 접점 Base 부재
외부 환경	기회	• 장비 노후화로 교체 소요 대두 • 우호적 산업교류 확대 기대 • 정부간 긴밀한 협력관계 유지	• 총 수명주기 TCO 강조 • 안정적이고 신속한 후속 지원 강조 • 산업협력을 통한 현지 우호 여론 형성	• 장기 수출금융 및 바터 거래 제안 • 저가 진입 후 후속사업 확보 추진 • 타 고객의 추천 활용
	위협	• 자사 성능 이상의 높은 요구도 • 구체적 획득계획 부재 • 예산 부족 • 경쟁자의 높은 현지 인지도	• 고객 요구도 하향화 유도 • 판매자 금융지원 제안 • 현지 언론 홍보 강화	• 정부간 G2G 사업화 추진 • 획득사업 자연 추진

일반화된 자명하고 상식화된 지침만을 제공한다는 점 외에도 국내외 경영 전반에 대한 분석가의 지식 또는 실무능력이 부족한 경우 환경 상황을 정확하게 평가하기 어렵다는 것이 단점으로 지적받고 있습니다. 최근에는 전통적인 SWOT 분석이 계획이나 전략의 각 요인의 효율성을 예측하기 위해 제기되었던 요인의 중요도와 우선순위를 정량화하지 못한다는 지적을 극복하기 위해, 계층 분석적 의사결정 방법인 AHP(Analytical Hierarchy Process) 기법과 결합하여 더욱 정량적인 접근을 가능하게 하는 SWOT-AHP 분석 기법을 사용하고 있습니다.[73]

---

73 장도규와 천동필 (2020), 동남권 신발산업의 발전방안에 관한 연구: SWOT-AHP 방법으로, 경영교육연구, 35(4)

3장. 시장세분화와 마케팅 전략 요약

- 사업 전략의 하부 기능 전략의 하나인 마케팅 전략은 그 전략 요소, 즉 제품, 가격, 유통, 의사소통 및 인적 자원의 5P 관점에서 마케터를 통하여 어느 고객에게 자사의 제품과 서비스를 어떻게 인식시키고 어떻게 공급할지 그리고 고객과의 관계를 어떻게 관리하여 장기적이고 안정적으로 유지하도록 할 것인가를 종합적으로 고려합니다.

- 마케팅 목표는 기업의 목표와 일관성을 갖고, 목표 수립 및 추적과 달성 여부 평가를 위해 정량적인 KPI로 구체화합니다. KPI는 SMART하게 작성하여야 하며, 수립한 KPI를 달성하기 위한 마케팅 전략을 5P 관점에서 기술하며, 각 요소와 자원 배분의 최적화에 중점을 둡니다.

- 마케터는 변화하는 시장에 대한 깨어있는 감각을 유지하는 마켓 센싱 역량을 바탕으로 시장 환경을 분석합니다. 거시적 환경은 기업이 통제할 수 없고 해당 사업에 동일하게 적용되지만 이를 간과하면 기업의 생존과 발전에 직결되는 영향을 미칩니다. 거시적 환경은 정치/법적, 경제, 사회문화적, 기술적, 산업적인 측면에서 경영성과에 영향을 미치는 환경 요인을 분석합니다.

- 기업은 제한된 자원을 수익성이 있는 고객에게 집중하여 최대의 성과를 얻기 위하여 다양한 고객의 요구가 혼합된 전체 시장을 동질적 요구를 지닌 고객 그룹으로 나누는 시장세분화를 실시합니다.

- 시장세분화는 거시적 관점에서 구매 조직의 특성, 사용, 구매 상황을 기준으로 구분할 수 있습니다. 이후 미시적 관점에서 평가 기준, 구매 정책, 구매 조직 구조 등을 기준으로 추가적인 시장세분화가 필요합니다.

- 세분 시장의 우선순위를 결정하는 계량적인 평가 기준으로는 각 세분 시장의 규모 및 성장, 매력도/수익성, 회사 목표 및 자원 등의 범주로 평가합니다.

- 시장세분화를 통하여 목표시장을 선정하는 방법에는 제품/시장 전문화, 제품 전문화, 시장 전문화, 선택적 전문화, 완전 포괄 전략 등이 있습니다.

- 목표시장에서 경쟁사 대비 자신의 역량을 차별화하고 실제적인 마케팅 전략을 수립하기 위해서는 고객, 경쟁사 및 자사의 3C 분석과 이를 결합한 SWOT 분석을 활용하여 마케팅 전략 방향을 확인합니다.

BUSINESS MARKETING & PROJECT MANAGEMENT

BUSINESS MARKETING & PROJECT MANAGEMENT

마케팅 세부 계획
- 5P 믹스

시장 지향적인 기업의 경영성과에는 고객의 가치를 파악하여 이를 제공하고 신제품 개발에 반영하는 마케팅 역량이 독자적이고 선도적인 기술을 보유하고 활용하는 기술 역량보다 더 큰 영향을 미칩니다.[74] 기업의 마케팅 역량을 강화하는 마케팅 전략은 참여하는 시장 및 환경에 대한 분석을 통하여 거시적인 기회와 위험 요인을 발굴하고, 시장세분화를 통하여 선정한 목표시장에서 경쟁자 대비 자사의 강점과 약점을 파악하여 이들의 결합을 통한 SWOT 분석으로 마케팅 전략의 방향성을 정립합니다.

기업이 선정한 목표시장에서 최고의 성과 창출을 위한 효율적인 마케팅 계획을 수립하고 이행하기 위하여 일반적으로는 소비자 마케팅의 4P 믹스에 비즈니스 마케팅의 특성을 고려한 인적 자원을 추가하여 5P 믹스로 세부 계획을 구성하여 이행합니다.

이에 따라, 4장에서는 마케팅 전략을 구성하는 5P 믹스를 기준으로 마케팅 계획을 수립하고 이행하기 위하여 고객 가치를 실현하는 제품(Products)의 구분과 이에 따른 마케터의 접근법 및 제품과 서비스를 결합한 하이브리드(Hybrid) 제안을 알아보며, 경쟁력을 가시적으로 보여주는 가격(Price) 결정을 위한 요인을 파악합니다. 또한 고객에게 가치를 전달하기 위한 유통(Place)에 대해 알아보며, 고객에게 자사와 제품을 알리기 위한 판매촉진(Promotion)의 변경된 명칭인 의사소통(Communication)과 IT 발전에 따른 새로운 의사소통 방식을 이해하고 공급선과 고객 간의 접점에 있는 마케터의 중요성을 이해하고 이들에게 필요한 역량을 확인합니다.

---

74 조대식과 최경현 (2020), 창업기업의 혁신역량 영향요인 진단 연구, 벤처창업연구, 15(5)

01
가치 실현의 첫걸음은 제품

　우리는 마케팅의 정의에서 고객에게 가치를 제공하는 것을 제공물이라고 하였습니다. 고객에게 제공하는 제공물에는 제품과 같은 유형적인 것 외에도 서비스, 장소, 사람과 같은 무형적인 것도 있습니다. 최근에는 기업의 핵심 기능이 아닌 기능과 서비스의 아웃소싱(outsourcing), IT 발전에 따른 공급망 관리와 관련한 전자 비즈니스(e-business), 인터넷을 통한 컴퓨터 보안, 사무실의 환경 통제 시스템, 근로자 교육 훈련 등 새로운 서비스 활성화 등으로 제조업 근로자의 숫자는 줄어도, 물류, 광고, 정보처리 등의 비즈니스 서비스의 수요가 증가하고 있습니다. 기업의 정체성은 시장에 제공하는 제공물을 통해 형성되기 때문에, 제공물에 대한 관리와 통제가 가장 기본적입니다. 공급선은 고객에게 제품을 공급할 것인지, 서비스를 공급할 것인지, 아니면 제품과 서비스를 조합하여 공급할 것인지를 결정할 필요가 있습니다.

제공물과 같은 표현으로 '제품 및 서비스'라는 용어가 사용되기도 하지만, 일반적으로 '제품'은 제품과 서비스 모두를 통칭하는 용어입니다.[75] 비즈니스 제품은 대량의 소비자 제품과 비교하여 소량이고, 고가이며, 기술적으로 복잡하고, 고객의 요구에 맞추는 고객화가 필요한 것이 특징입니다. 협의의 의미로 제품(Product)은 원자재를 이용하여 직접 제조과정을 거쳐 제조한 완성품을 말합니다. 상품(Goods)은 제조과정을 거치지 않고 외부로부터 물품을 구매하여 고객에게 판매하는 상품을 말합니다. 즉, 자신이 제조하지 않은 제품을 말합니다. 소비자가 휴대폰 전문 매장에서 휴대폰을 구매한다면 이는 '상품'을 구매하는 것이며, 항공 운항사가 대형 여객기를 보잉사에서 구매한다면 이는 '제품'을 구매하는 것입니다.

고객이 최종 고객의 요구를 충족하는 제품을 생산하기 위해 공급선에서 구매하는 상품은 다음과 같이 원가 항목을 기준으로 투입 상품, 기초 상품, 편의 상품으로 구분할 수 있으며, 이를 공급하는 마케터의 활동은 다음과 같습니다.

첫째, 투입 상품(Entering Goods)은 최종 제품을 구성하는 원자재와 부품으로, 원가 계산상 재료비로 처리됩니다. 고객에게 원자재는 적기에 안정적 수급이 중요하며, 대량 구매하는 표준품의 경우 경쟁력 있는 가격, 신뢰할만한 납기 및 후속 지원이 중요합니다. 소량의 표준

---

75 www.ama.org/the—definition—of—marketing—what—is—marketing

품 주문은 주로 유통업체(Distributor)를 통해 구매하기도 합니다. 원자재와 부품을 공급하는 마케터는 고객의 다양한 요구를 식별하고, 구매에 영향을 미치는 요소를 핵심 요인을 파악하여 대응하여야 합니다.

둘째, 기초 상품(Foundation Goods)은 건물, 고정자산, 기계설비, 컴퓨터 서버 등의 자본재로, 원가 계산상 감가상각비로 처리합니다. 기초 상품은 주로 경기 및 판매 전망에 따라 투자가 이루어지게 됩니다. 고객은 고가의 기계 가공 정밀 장비 등은 주로 원천 제작업체와 직거래를 하며, 이에 들어가는 절삭 공구와 같은 상대적 저가품은 주로 대리점을 통하여 구매합니다. 대부분의 기초 상품은 고가품으로 협상 및 계약에 오랜 시간이 소요되며, 의사결정에 경영진의 참여가 일반적입니다. 따라서 마케터는 고객과의 밀접한 인적 네트워킹을 구축하여야 합니다. 고객의 의사결정에서는 장비의 성능, 업계 선도력, 지원 능력, 경쟁사보다 더 우수한 투자 수익률(Return On Investment; ROI) 제공 능력 등이 가격이나 광고보다도 더 중요한 요인이기 때문에 마케터는 이를 제공하여야 합니다.

셋째, 편의 상품(Facilitating Goods)은 사무용품, 페인트와 같은 부자재, 컨설팅 등의 서비스로 원가 계산상 경비로 처리합니다. 최근에는 급여 지급, 세금 계산 등 사내에서 처리하던 업무를 비즈니스 서비스 아웃소싱으로 이전하는 추세가 증가하고 있습니다. 일례로 미국의 ADP사는 급여 지급, 복지, 연금, 의료보험 등 경리 업무 및 인력 채용, 교육, 은퇴 등 다양한 인사 업무도 처리하고 있습니다. 다양한 종류의 사무용품 등 소모품은 주로 해당 기업이 이미 선정한 공급선을 통해

[그림 4-1. 구매 조직이 구매하는 상품들]

구매합니다. 최근에는 구매 행정을 줄이기 위해 인터넷 시스템 도입이 증가하는데, 책상에서 사용자가 인터넷 전자 카탈로그를 통해 주문하면 공급선이 이를 확인하여 바로 공급하는 시스템입니다. 따라서 이러한 상품을 공급하고자 하는 기업은 입찰에 참여하기 전에 공급선으로 등록이 되어있어야 합니다. 등록된 공급선의 마케터는 카탈로그 및 홍보 활동에 집중하여야 하며 가격과 납기에서 경쟁력을 제공하여야 합니다.

목표 고객의 마음속에 자사의 제공물이 경쟁사 제공물보다 더 긍정적이고 우호적으로 각인되도록 자리를 잡게 만드는 것을 포지셔닝(Positioning)이라고 합니다. 일반적으로는 제품에 대한 전략적 포지셔닝을 구축하는 것이 마케팅 계획에서 가장 중요한 부분입니다. 제품 포지셔닝 전략으로 첫째, 고객에게 자사가 보유한 차별적 제품 특성을 강조하여 경쟁사 제품과의 차이를 극대화하거나, 둘째, 자사의 특정 제품 성능이 경쟁사보다 우월하나 고객이 다른 특성에 우위를 둔다면 고객의 우위 인식이 전환되도록 마케팅 의사소통을 개발하거나, 셋째, 고객이 강조하는 차별적 특성에 대한 자사의 성능 수준을 향상

함으로써 경쟁적 위치를 상승시키는 것입니다. 경쟁사 대비 자사가 강점을 지닌 차별적 특성을 더욱 강화하여 업계의 새로운 기준이 되면 자사의 장점이 더욱 부각 될 수 있습니다.

가격은 고객에게 항상 가장 우선적인 요소는 아닙니다. 표준품이 아닌 고객의 독특한 기술적 요구도에 기초한 고객 주문품에 대한 구매 절차에서는 공급선이 고객의 기술적 요구도를 충족하지 못하면 1차 선별 과정에서 탈락하여 가격 경쟁력이 의미가 없을 수 있습니다. 따라서 제품의 경쟁력이 우선입니다.

고객은 제품을 품질, 서비스 등의 특성으로 인지합니다. 따라서 마케터는 제품 경쟁력 확보를 위해서 고객의 구매 의사결정에 중요한 역할을 하는 특성을 파악하고 이 특성에 대해 경쟁사와 비교하여 포지셔닝 전략을 구상하는 것이 중요합니다. 고객의 구매 의사결정에 중요한 역할을 하는 특성을 확인하는 방법은 경쟁사 제품 대비 자사 제품에 대한 고객의 인지도 및 선호도로 측정합니다. 이처럼 고객이 중시하는 제품의 핵심적 특성들과 이에 대한 인식을 가시적으로 파악할 수 있도록 한 것이 바로 포지셔닝 맵 또는 지각도입니다. 마케터는 포지셔닝 맵 상에서 이상적 제품의 위치를 조사함으로써 고객이 중시하는 제품 특성이 무엇인지를 파악할 수 있으며, 이상적 제품 특성을 충족시킬 수 있는 신제품 개발의 기회도 찾게 됩니다.[76]

---

76 안광호와 임병훈, 『마케팅조사원론』, 제6판, 창명, 2017년

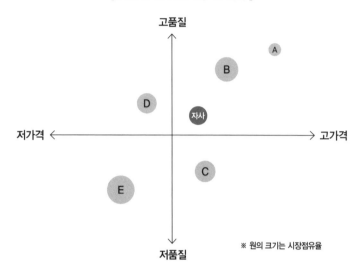

[그림 4-2. 포지셔닝 맵 예시]

고품질

A

B

D

자사

저가격 ←——————————————→ 고가격

C

E

※ 원의 크기는 시장점유율

저품질

　이제 선두 기업들은 매출 증진을 위한 핵심 전략으로서 제품에 서
비스와 지원을 연계합니다. 또한, 정보를 통하여 고객에게 부가가치
를 창출하는 네트워크로 연결된 제품과 자료 기반의 서비스 결합으로
정의하는 스마트 제품-서비스 시스템을 점점 더 많이 제공하고 있습
니다.[77] 유형적 제품에 부가되는 무형적인 서비스 활동이 차별적 이
점을 제공하기 때문입니다. 우리는 이를 하이브리드 제안이라고 합
니다. 하이브리드 제안은 공급선이 제품과 서비스 두 가지를 판매할
수 있어서 매출과 수익을 증대시키며, 해당 공급선에 대한 의존도를

[77] Eva Kropp 외 (2020), How institutional pressures and systems characteristics
     shape customer acceptance of smart product-service systems, Industrial Marketing
     Management, 91

높여 고객이 경쟁사로 쉽게 전환하지 못하게 합니다. 고객이 공급선에 고착화되는 효과를 자물쇠 효과(Lock-In Effect)라고 합니다. 또한, 하이브리드 제안은 다양한 결합을 통하여 고객의 모든 요구사항을 충족할 기회를 제공하며, 고객과 상호작용할 수 있는 많은 접점을 제공하여 고객과의 관계를 심화시킬 기회를 제공합니다. 이처럼 낮은 리스크로 매출과 수익의 증대를 기대할 수 있는 하이브리드 제안이 성공하려면 공급선은 제품과 서비스의 어떤 결합이 가장 효율적인지를 확인하고 가장 우수한 대안을 제시하여야 합니다.[78]

고객에게 납품한 제품에 대하여 공급선이 정비와 수리 서비스를 제공한다면, 공급선은 납품한 제품의 사용 자료를 시스템적으로 수집·분석하여 선제적으로 고객화된 서비스를 제공할 수 있게 됩니다. 예를 들어, 상업용 건물에 전기 발전기를 설치한 산업 장비 제작업체가 발전기를 설치한 건물의 에너지 사용량에 대한 자료를 수집하고 분석하면서 시설관리 분야에 대한 전문기술을 개발하여, 에너지 효율 개선에 대한 컨설팅 분야를 창출한다면 새로운 매출 원천을 창출할 수 있습니다.

제품과 관련하여 브랜드를 이야기하지 않을 수 없습니다. 브랜드는 기업의 제품과 서비스에 대하여 경쟁사와 차별화시키는 이름, 용어, 디자인, 심볼, 로고 및 기타 특징을 말합니다.[79] 브랜드는 단순히

---

78 https://hbr.org/2009/11/a-practical-guide-to-combining-products-and-services
79 www.ama.org/the-definition-of-marketing-what-is-marketing/

제품이나 서비스에 붙는 이름이나 로고가 아니라, 특정 기업, 제품이나 서비스 및 브랜드와 연관되어 고객의 마음속에 떠오르는 모든 것, 심지어 감정 및 사용 경험까지도 포함한다고 할 수 있습니다. 따라서 기업의 정체성도 기업이 제공하는 제품, 서비스와 그 브랜드를 통해 고객의 마음속에 형성된다고 할 수 있습니다.

대부분의 비즈니스 마케팅에서의 브랜드는 기업 자체의 이름입니다. 강력한 기업 브랜드를 지닌 기업은 그렇지 않은 기업에 비해 경영 성과가 20% 더 우수합니다.[80] B2B 인터내셔널사가 북미와 유럽에서 대기업 마케팅 전문가를 대상으로 조사한 결과에서도, 마케터들이 가장 중점을 두는 마케팅 전략 분야는 브랜딩, 가치 마케팅, 고객 만족이라고 할 정도로 브랜드는 비즈니스 마케팅에서 매우 중요합니다. 또한, 전 세계 대형 B2B 기업의 마케팅 리더 95%도 브랜드 마케팅이 경쟁사와 차별화하는 데 도움이 될 수 있다고 하였습니다.[81]

비즈니스 브랜드는 다른 많은 구매 의사결정 요인들보다 확실한 구매 의사결정 요인이 될 수 있습니다.[82] 특히 고가의 복잡하고 고객화된 제품을 구매하고자 하는 고객은 공급선이 제출한 제안서 내용을 검토하며 평가를 진행하지만, 부지불식간 공급선 브랜드에 영향을 받습니다. 특히 유사한 평가를 받는 두 공급선 중에서 최종 선택을 할 때는 이미 알고 있는 브랜드, 더 신뢰할 수 있는 브랜드에 더 눈길이

80 www.mckinsey.com/business-functions/marketing-and-sales/our-innsights/b2b-business-branding
81 https://www.bcg.com/publications/2021/why-brand-marketing-matters
82 홍정석, 고객가치 창조와 B2B 마케팅, 마케팅, 제42권 제5호, 2008년

가는 것처럼 브랜드는 대부분의 구매 의사결정에 중요합니다.[83] 이처럼 고객 충성도를 증진하고 나아가 경영성과도 높이는 기업의 브랜드 자산은 일시적인 광고를 통하여 단기간에 구축할 수 없습니다. 자사의 브랜드 가치를 유지하고 높이기 위해서는 장기적인 투자와 꾸준한 노력이 필요합니다.

83 https://www.b2binternational.com/publications/the-customer-journey-and-how-businesses-buy/

02
경쟁력의 기본 원천은
가격

가격은 고객이 특정 제품이나 서비스를 획득하기 위해 지급하는 금액을 나타내는 공식 비율로 가치의 척도를 나타냅니다. 앞에서도 이야기를 한 바와 같이, 모든 고객은 자신이 지급하는 가격보다 얻는 가치가 더 크다고 인식하여야 구매하고 만족합니다. 가격이 낮을수록 기대하는 가치와의 간격이 커지기 때문에, 결국 저렴한 가격은 모든 고객의 관심을 잡는 요인이 됩니다. 글로벌화가 확대되고 고객이 끊임없이 저비용 국가를 탐색하는 상황에서 공급선의 저렴한 가격은 경쟁력의 큰 원천이 됩니다. 공급선의 가격이 높으면 시장에서의 경쟁력을 얻지 못하고, 가격이 낮으면 공급선이 충분한 수익을 창출하지 못하여 발전을 위한 자금을 확보하지 못하기 때문에 가격과 관련된 사안은 까다로운 문제입니다. 키어니사의 조사에 따르면, 이제 선두 기업들은 시장점유율 확대를 위해 가격을 인하하기보다는 고객 관

계 강화를 통해 수익을 극대화하는데 더 중점을 두고 있습니다.[84]

가격은 고정적인 것이 아니라 제품의 특성, 고객의 특성, 시장의 특성, 업계의 특성 등 여러 요인에 의해 영향을 받습니다. 소모품과 같이 일상적인 제품은 가격에 매우 민감하지만, 고객 맞춤형 제품은 가격에 덜 민감합니다. 대량으로 자주 구매하는 고객은 소규모로 구매하는 고객보다 가격에 더 민감합니다. 또한, 제품 지원이나 빠른 납품에 높은 가치를 두는 고객에게는 가격의 민감도가 떨어집니다. 수요가 증가하는 성장기의 시장에서는 충분한 공급 능력을 갖춘 성숙기의 시장에서보다 가격 민감도가 떨어집니다. 또한, 독과점 시장에서의 가격 역시 대안이 부족한 탓으로 가격 민감도가 떨어집니다. 특정 업계에서 시장 지배력이 큰 선두 기업이 가격을 조정하면 다른 기업들의 가격도 영향을 받습니다.

비즈니스 가격과 연관되어 함께 언급되는 용어가 바로 1장에서 소개한 TCO입니다. TCO는 고객 입장에서 구매하는 제품의 초기 획득 비용뿐만 아니라, 획득 이후의 운용 및 폐기까지의 총 수명주기 동안의 전체 비용을 의미하는 것입니다. 고객이 TCO를 분석하는 이유는 비용에 가장 영향을 미치는 요소를 파악하여, 가장 효율적인 구매 전략을 선택하여 경쟁력 있는 공급선을 선정하고, 향후 예산 소요를 예

84 https://www.nl.kearney.com/strategy-and-top-line-transformation/article/-/insights/
profitable-pricing-a-competitive-strategy-for-contested-b2b-markets

측하고, 노후 장비의 교체를 결정하고자 하기 때문입니다. 아울러 제품 개발 시 다양한 설계 대안에 대한 비교를 통하여 신기술 적용을 평가할 수 있으며, 이를 기초로 비용 효과적인 지원 개념을 평가하는 등 전략적 의사결정에도 도움이 되기 때문입니다. 조사에 따르면 고객의 60% 이상이 구매 의사결정에 TCO를 고려합니다.[85] 최근에는 민간 기업뿐만 아니라, 국방 획득 프로젝트에서도 TCO 주요 요소에 대한 민감도 분석을 통하여 TCO 절감 방안을 제시하고 있습니다.[86] 기타 상용차 R&D 프로젝트에 대한 최적화 의사결정에서도 재판매 비용을 포함하는 TCO를 고려하며[87], 획득비용, 운영비용 및 세금뿐만 아니라 환경비용을 포함한 TCO로 내연 자동차와의 비교를 통하여 전기차 도입의 방향성을 제시하며[88], 소프트웨어 개발 분야에서도 개발/획득, 관련 장비 및 네트워크 구축비용, IT 관리 비용 등을 포함하는 TCO의 개념에서 비용 절감을 검토하는[89] 등 TCO를 적용하는 사례가 증가하고 있습니다.

따라서, 마케터는 자신이 제공하는 제품과 서비스에 대하여 고객의 관점에서 경제성을 분석하여[90] 전체 수명주기에 걸쳐 경쟁사 대비

---

85 www.marketingcharts.com/industries/business-to-business-38385

86 변형균 외 (2011), KHP 총소유비용의 민감도 분석 사례 연구, 신뢰성응용연구, 11(2)

87 백재승 외 (2015), Total Cost of Ownership을 고려한 불확실한 정보에 대한 상용차 R&D 프로젝트 의사결정 최적화 모형, 대한산업공학회추계학술대회논문집

88 김영환과 이재승 (2015), 총소유비용 분석을 이용한 전기차의 V2G 도입에 대한 연구, 에너지공학, 24(2)

89 윤승정 (2017), 오픈소스 소프트웨어 총소유비용 절감 성과와 미래 비용 산정 요인에 관한 연구, 정보과학회지, 35(9)

90 https://dbr.donga.com/article/view/1202/article_no/7655/ac/magazine

[그림 4-3. Total Cost of Ownership 개념]

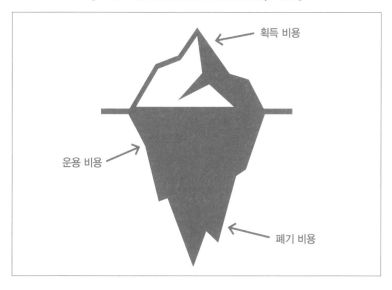

낮은 TCO를 제시하기 위한 전략을 고민하여야 하며, 이를 위해서는 마케팅 부서 외에도 개발 부서, 구매 부서 및 생산 부서 등 전사적으로 긴밀한 협력이 필요합니다.

고객이 특정 공급선의 제품을 구매한다는 것은 고객이 선정한 제품의 품질, 기술 서비스, 납품 신뢰성 등을 구매하는 것이며, 또한, 공급선의 신뢰, 안전성, 고객-공급선 관계를 포함한 종합적 혜택의 대가로 금액을 지급하는 것입니다. 이와 관련하여, 선두 기업의 특징 중의 하나는 고품질의 제품을 경쟁사보다 낮은 가격에 제공한다는 것입니다.

따라서 가격을 결정할 때 전략적 가격 목표, 수요, 원가와 이윤, 경쟁 등의 요소를 고려합니다. 전략적 가격 목표는 ROI 목표, 시장점유율 목표 등을 고려하는 것으로, 전략적 가격 목표에 따라 특히 신제품의 시장 도입 시 가격 정책을 초기고가전략(Skimming Pricing) 또는 초기저가전략(Penetration Pricing)으로 결정합니다. 수요 측면에서는 시장 특성이 가격에 영향을 미칩니다. 제품 및 서비스가 복잡하고 고객화가 높은 제품의 경우 고객은 가격에 덜 민감합니다. 구매하는 제품에 대한 대안의 가격과 성능을 쉽게 확인할 수 있고, 추가 비용 없이 공급선을 바꾸기가 쉬울 때는 고객의 가격 민감도는 증가합니다. 원가역시 가격을 결정하는 한 요소로, 일반적으로 가격은 원가에 이윤을 추가하는 방식으로 산정하지만, 이는 고객의 가치 인식, 경쟁, 규모와이익을 간과한 가격 산정 방식입니다. 미국과 유럽 기업들의 54~56%역시 원가 기반의 가격 결정법을 사용하는데, 이는 고객의 가치에 대한 인식이 주관적이고 예측하기 어려워 가치 기반의 가격 설정이 어렵기 때문이라고 합니다.[91] 그러나 가장 중요한 가격 결정 요소는 경쟁으로, 경쟁의 강도에 따라 가격 상한선이 결정됩니다. 즉, 고객에게 유사한 제품을 공급하는 경쟁 시장에서는 경쟁사와 유사한 가격을 책정하는 방법도 있습니다.[92] 특히 차별화가 거의 없이 대량 생산되는 제품의 경우, 저렴한 가격은 실제로 고객을 새로운 제품이나 새로운

---

91 Reinaldo Guerreiro와 Jullianan Ventura Amaral (2018), Cost-based price and value-based price: atre they conflicting approaches?, Journal of Business & Industrial Marketing, 33(3)

92 Kostis Indounas, New B2B product pricing, Journal of Business & Industrial marketing, 제35권 제11호, 2020년

거래 조건으로 유인하는 데 매우 중요한 역할을 합니다.[93]

업계 선두 기업들은 개별 고객과 제품에 맞추어 가격 정책을 결정합니다. 고객과 제품의 조합에 따라 가격을 신중하게 책정하고 수익을 최대화하기 위해 지속해 노력합니다. 각 고객에게 진정으로 가치있는 속성 및 혜택을 파악하고, 경쟁 상황과 수익성을 고려한 목표 가격을 설정하기 위해 많은 자료와 시장정보를 활용합니다.[94]

비즈니스 시장에서는 대부분의 거래가 경쟁 입찰로 진행됩니다. 특히 정부 기관은 거의 100% 공개경쟁 입찰로 진행됩니다. 경쟁 입찰의 종류에는 일반 경쟁 입찰, 제한 입찰, 지명 경쟁 입찰, 수의 계약, 복수 공급자 계약 등이 있습니다. 입찰에 참여하기 위해서는 가격을 포함한 제안서 제출 등의 노력과 이에 따른 비용이 많이 소요되기 때문에, 마케터는 입찰 기회를 신중히 검토하여 참여 여부를 결정하여야 할 필요가 있습니다. 기업의 한정된 자원과 노력을 성공 가능성이 큰 입찰에 집중하여야 합니다.[95]

앞에서도 이야기하였듯이 경쟁사가 이미 고객화된 요구사항에 맞춘 노력을 선제적으로 진행한 경우라면 입찰에 참여하더라도 프로젝트 수주 성공의 가능성은 매우 낮습니다. 이 외에도 마케터는 다양한

---

93 이건창 외 (2002), 기업간 전자상거래(B2B) 협상지원을 위한 퍼지인식도 접근방법, 경영학연구, 31(2)

94 www.hbr.org/2018/06/a-survey-of-1700-companies-reveals-common-b2b-pricing-mistakes

95 김용기 (2008), 입찰/제안 역량이 우리 조직의 미래를 결정한다.(2), 마케팅, 42(3)

분석을 통해 프로젝트 수주 성공 가능성을 검토하여야 합니다. 특히 초기 계약을 확보한 공급선이 장기적인 후속 프로젝트에 대한 우위를 확보할 수 있으므로, 마케터는 초기 계약과 후속 프로젝트 기회와의 연관성을 주의 깊게 검토하여야 합니다. 전문 제품/서비스의 경우 전환비용으로 인해 공급선 교체에 신중하나, 표준품의 경우 전환비용이 낮아 상황이 변하면 공급선 교체가 가능합니다.

기타 일반적인 표준품목에 대한 입찰에서는 일반적으로 하자 조건만 없으면 최저 입찰가를 제출한 공급선에게 낙찰이 됩니다. 최근 이러한 입찰은 온라인으로도 진행되어 많은 공급선이 입찰에 참여할 수 있어서 가격경쟁이 치열합니다. 이러한 입찰에서는 마케터는 입찰자의 과거 구매 실적, 경쟁사의 가격, 자신의 원가 분석을 통하여 승리할 수 있는 가격을 산출하여야 합니다. 때에 따라서는 이익을 최소화하거나 전략적 가격을 책정하는 것도 고려하여야 합니다. 그러나 최저가 낙찰제는 덤핑 입찰에 의한 낙찰로 계약 이행의 신뢰성 하락 및 부실 납품 등의 문제점이 있어서, 요즘에는 입찰가격 외에 수행실적, 기술 능력, 재무 능력 등을 종합적으로 평가하여 일정 점수 이상을 획득한 업체를 낙찰자로 선정하는 적격심사 낙찰제를 사용하고 있습니다.[96] 따라서 마케터 역시 응찰하는 가격 경쟁력 외에도 입찰에서 요구하는 제반 요구 조건을 충실히 충족시켜야 합니다. 기타 해외시장, 특히 개발도상국에서의 입찰에는 우수한 제안에 대해 추가적인 비용

---

96 문병욱과 정재욱 (2012), 정부계약에서 낙찰자 선정방법과 하자발생 관계, 회계와정책연구, 18(4)

을 지급하려는 의향이 적으며, 가격을 주요 의사결정의 도구로 여겨서 이러한 부분도 고려 하여야 합니다.

03

고객에게 가치를 전달하는 유통경로

유통이란 간단히 말하면 공급선과 고객을 연결해주는 것입니다. 잠재적 고객 접촉에서부터 협상, 계약, 소유권 이전, 의사소통, 자금 지원, 서비스, 현지 재고 보유, 운송 및 저장 등의 임무를 포함합니다. 이러한 임무를 수행하는 유통에 드는 비용은 직접 판매비, 광고 및 판촉비, 포장비, 무역 할인 비용, 이자 및 미수금, 시장조사비, 창고 보관 및 관리비, 배송비, 고객 서비스 비용, 반품 및 처리 비용 등이 포함됩니다. [97] 일반적으로 최종 고객 납품가에서 제조원가를 제외한 유통 비용의 비율은 산업별로 유통경로 구조에 따라 다르지만, 미국의 경우 평균 50%에 이른다고 합니다. 자사의 제품과 서비스를 고객에게 전달하는 마케팅 목표를 달성하기 위해 다양한 고객과 연결하는 유통 경로에는 다양한 대안이 존재하기 때문에 마케팅 전략에 따라 최적의

---

[97] www.marketing91.com/distribution-cost-distribution-expenses/

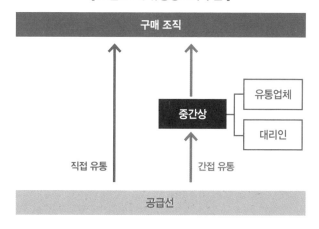

[그림 4-4. 유통경로의 구분]

구매 조직

유통업체

대리인

중간상

직접 유통

간접 유통

공급선

유통경로를 선택하여야 합니다.

유통경로의 구성은 공급선이 고객과 직접 연결하는 직접 유통경로가 있고, 공급선이 중간상을 통하여 고객과 연결하는 간접 유통경로로 구분합니다.

직접 유통경로는 자사 마케터를 보유한 공급선이 중간상 없이 유통 업무 전체에 대한 책임을 지고 직접 고객과 거래하는 것을 말합니다. 고객이 대형 고객이고, 고객이 공급선의 직접 판매를 요구하며, 고객에게 고객화된 솔루션을 제시하여야 하고 제품의 특성이 복잡한 경우에 직접 유통경로가 유효합니다. 종합적 패키지의 제안과 경영진과의 광범위한 협상이 필요하고, 시장 환경에 재빠른 대응이 필요할 때도 직접 유통경로를 사용합니다. 직접 유통경로의 장점은 마케터가 고객을 잘 알고 있으며, 이들과 긴밀한 관계를 유지할 수 있습니다. 마케터가 의사소통 활동에 대한 고객의 반응을 측정하여 가장 수익성이 높은 의사소통 활동을 결정할 수 있으며, 경로 부가 비용이 없어서 가격 경쟁력을 높일 수 있으며, 자신의 제안과 전략을 경쟁사에 노출하지 않습니다. 그러나 마케터 유지에 따른 비용이 많이 들며, 제한된 지역에만 가능합니다.

간접 유통경로에는 최소 하나 이상의 중간상이 관여합니다. 간접 유통경로는 시장이 넓게 펼쳐져 있을 때, 거래 금액이 적을 때, 고객이 다른 브랜드를 포함하여 여러 제품을 구매할 때 적합합니다. B2B 구매의 약 50%가 온라인으로 이루어지는[98] 전자상거래의 발전에도 불구하고, 많은 고객은 제품에 가치를 더하는 서비스와 솔루션을 제공하는 지역별 유통업체와의 거래를 선호합니다. 간접 유통경로의 장점은 경로 구성원들이 이미 해당 시장에서 고객과 신뢰 관계를 구축하여 공급선이 여러 시장에 접근을 가능하게 하며, 공급선의 인건비를 최소화할 수 있습니다. 아울러 공급선의 자금 회전도 지원할 수 있습니다. 그러나, 단점으로는 중간상이 공급선의 제품에 정통하지 않을 수 있으며, 공급선이 중간상을 통제하기가 쉽지 않습니다. 또한, 성과와 관련되지 않으면 중간상의 충성도가 감소하며, 중간상과의 관계가 해지되면 고객을 잃을 수도 있습니다.

이처럼 중간상은 공급선의 마케터가 수행해야 할 마케팅 활동을 대리하여 수행하고, 지역 시장을 관리하며, 공급선을 위해 재고를 확

---

[98] https://qymatix.de/en/b2b-distribution-sales-facts/

보하고 보관하는 기능도 갖추며, 공급선을 위한 신용거래의 기능을 수행하기도 합니다. 중간상은 지역에 대한 시장정보의 훌륭한 원천이 되기도 하며, 공급선의 유통 비용을 절감하기도 합니다. 공급선과 고객을 연결해주는 중간상의 중요성은 공급선과 중간상과의 관계 형성에 따라 경제적·관계적 성과가 모두 긍정적인 것으로 나타납니다.[99]

직접 유통경로와 간접 유통경로 외에도 이 둘을 묶은 복수 유통경로도 있습니다. 복수 유통경로는 다양한 고객의 요구에 대응하기 위해 종종 자사의 직접 판매와 중간상을 통한 간접 판매의 다양한 조합도 필요합니다. IBM사는 대기업, 정부 및 기관 고객에게는 자사의 마케팅 조직이 유통을 담당하고, 많은 중소기업에는 유통업체를 통하여 효과적으로 간접 판매를 하고 있습니다. 제록스사도 대형 고객과 정부에는 자사의 마케터를 통해, 중견기업에는 유통업체를 통해 판매할 뿐만 아니라, 가정용 고객과 중소기업에는 소매상을 통해 판매하며, 웹사이트를 통해서도 판매합니다.

특히 최근에는 정보통신 기술의 발달로 많은 선진 기업이 전자상거래를 통한 유통 전략을 강조합니다. 전자적 유통경로 전략은 판매 절차의 간소화 및 고객과의 지속적 대화가 가능토록 설계하여야 합니

---

99 여운승 외, 산업재 유통과정에서 관계결속과 수직적 통합의 선행변수 및 성과에 관한 연구, 마케팅관리연구, 제15권 제1호, 2010년

다. 온라인 주문으로 마케터는 거래보다는 관계 관리에 집중하게 하고, 웹사이트에서는 고객이 제품을 조사하고, 기술 정보를 얻고, 주문하기 위해 유통업체를 접촉할 수 있도록 지원하여야 합니다. 일부 공급선은 새로운 비즈니스 모델 수립 및 이에 따른 수익성 창출을 위해 중간상을 통해 고객에게 접근하던 방식에서 직접 고객에게 접근하는 탈 중간상 방식으로 변화하고 있습니다. 온라인과 플랫폼을 결합한 아마존 비즈니스에는 이미 10만 개 이상의 B2B 공급선이 입점하여 기존의 중간상을 배제하고 고객에 직접 서비스를 제공하면서 2020년에는 매출이 200억 불에 이를 것으로 전망하고 있습니다.[100]

공급선이 다양한 제품을 고객에게 전달하고자 할 때는 중간상을 활용하는 것이 일반적입니다. 중간상에는 유통업체, 제작업체의 대리인, 중매인, 중개인, 위탁상 등이 있는데 이 중 가장 많은 부분을 차지하는 것은 유통업체와 대리인입니다.

중간상으로 가장 일반적인 형태의 유통업체는 유통경로에서 가장 중요한 역할을 하며, 주로 기업의 비즈니스 활동에 필요한 소모성 물품을 다루는 MRO(Maintenance, Repair, and Operation) 분야에서 사업을 합니다. MRO 고객의 75% 이상이 유통업체를 통해 구매하며, 마케터의 75%도 유통업체를 통해 제품을 판매합니다. 사무용품부터 장비를 정비하는 데 사용하는 공구, 리벳류, 밸브 등의 기계 부품의 제품군은

---

100 www.mckinsey.com/industries/advanced-electronics/our-insights/the-comimg-shakeout-in-industrial-distribution

97%가 유통업체를 통하여 공급됩니다.

유통업체는 비교적 좁은 지리적 시장에서 독자적으로 활동하는데, 평균적으로 200~300개 공급선의 제품을 취급합니다. 유통업체는 자신들이 판매할 제품에 대한 소유권을 보유하며 마케팅 및 계약 기능을 수행합니다. 또한, 다양한 제품 구색을 갖추고, 상품을 납품하고, 기술 자문을 제공하고, 긴급 요구를 충족하는 역할도 수행합니다. 고객에 더 많은 가치를 제공하기 위해 많은 대형 유통업체는 재고 자동 보충을 포함하는 재고 관리, 제품 조립, 공장 내 창고, 설계 서비스 등 서비스 범위를 확대하고 있습니다. 특히 최근에는 유통업체도 4차 산업혁명의 시대와 더불어 빅데이터, 인공지능 등 데이터 기술의 비약적인 발전으로 온라인-오프라인과 물류가 결합한 '스마트 유통'을 통해 고객만족도 극대화를 추구하면서 스스로 경쟁력을 강화하고 있습니다.[101] 최근 인터넷의 발전으로, 공급선과 유통업체 간 협업 체계가 강화되고 있습니다. 협업의 대상에는 판매 및 서비스, 주문 및 대금 청구, 기술 훈련, 인터넷 회의, 경매 및 교환 등을 포함합니다. 이는 고객에게 인정받는 유통업체가 시장 확대 및 경쟁력 확보에 중요하기 때문입니다.

또 다른 중간상으로 공급선의 대리인은 시장과 고객의 요구에 대한 이해와 제품에 대한 지식을 함께 갖춘 전문가입니다. 전형적으로

---

101 이은재 (2020). 4차 산업혁명 시대의 글로벌 스마트유통시스템 구축과 시사점 연구. e-비즈니스연구. 21(3)

시장에 대한 광범위한 경험을 보유하고 구매 조직을 접촉하며, 공급선과 고객을 연결해줍니다. 기술적으로 복잡한 제품 판매 시에는 대리인이 비용 효과적인 방안으로 알려져 있습니다. 대리인은 독자적으로 마케팅 활동을 하거나 대리하는 공급선을 위해 마케팅 활동을 하며, 한 지역에서 여러 공급선을 대리하기도 합니다. 대리인은 제품에 대한 소유권도 없고 재고를 보유하지도 않습니다. 공급선은 일반적으로 제품이 표준화되지 않고 고객화된 주문 생산품일 때, 제품이 기술적으로 복잡할 때, 소수의 고객이 지역적으로 집중되어 있을 때, 고객의 주문이 부정기적이고 장기적인 활동 기간이 필요할 때 대리인을 활용합니다. 또한, 중소기업에는 마케터의 채용 및 유지보다는 수주 성공불로 운영하는 대리인 활용이 비용 효과적입니다. 시장 수요가 충분할 때 시장에 집중하기 위해 공급선의 마케터를 활용하는 것도 좋으나, 수요가 제한적일 때에는 대리인이 중요한 역할을 합니다.

[표 4-1. 유통업체와 대리인 차이]

유통업체	대리인
공급선 제품을 직접 구매 후 판매	공급선 제품 판매를 위해 고객을 연결
판매를 위해 직접 보관 및 운송	보관 및 운송 없음
공급선과 간접적인 관계	공급선과 직접적인 관계
판매에 대한 전문가	제품에 대한 전문가
주로 고객이 유통업체에 접근	주로 대리인이 고객에게 접근
지역별로 다수의 유통업체 존재 가능	지역별로 특정 대리인 독점
표준품 위주	고객화된 주문 생산품 위주
시장 수요가 충분할 때	시장 수요가 제한적일 때

유통경로 설계는 기업의 목표 달성을 위해 가장 큰 가능성을 지닌 유통경로 구조를 구체화하는 것으로, 이는 새로운 유통경로를 개발하는 것뿐만 아니라 기존 유통경로를 개선하는 것도 포함합니다. 유통경로 설계에 따른 유통경로 구조는 경로 단계의 수, 중간상의 수와 형태, 경로 구성원 간의 연결을 규정하는 틀과 관련됩니다. 유통경로 설계는 선정한 목표시장별 경로 요구도를 식별하고, 고객의 요구도 충족을 위한 자사의 경로 역량을 평가하며, 필요한 경우 경쟁사를 벤치마킹하여 고객의 요구도 충족을 위한 경로 솔루션을 창출합니다. 마지막으로 이렇게 창출한 여러 경로 대안을 평가하여 최적 경로를 선정합니다.

유통경로 설계에 따라 유통경로를 구성하면 이후에는 마케팅 목표 달성을 위한 관리가 필요합니다. 설계한 유통경로에 필요한 중간상을 확보하기 위해 자사의 마케터를 통해, 기존 또는 잠재 구매 조직을 통해, 산업전시회 등에서 역량 있는 중간상을 파악합니다. 그리고 이들을 후보로 하여 가장 우수한 중간상 선정을 위해서는 시장 범위, 제품 라인, 인력, 성장, 재무 상황 등을 종합하여 평가합니다. 유통경로 구성원을 선정한 후에는 구성원의 성과를 지속적으로 평가하면서, 이들에게 동기부여를 하여야 합니다. 중간상과 공급선 간의 관계를 강화하기 위해서는 수수료 인상, 대리권 확대, 판매촉진 프로그램 등을 지원하여야 합니다. 공급선은 주기적으로 유통경로 전 구성원과의 회의에서 유통정책 협의, 마케팅 전략 자문, 업계 정보 제공 등을 통해 모든 중간상과의 관계 및 성과를 강화할 수 있습니다. 그러나, 가장 기본적인 동기부여 수단은 보상으로, 공급선이 수수료를 낮게 지급하면 중간상은 더 높은 수수료를 받는 제품으로 관심이 옮겨가기 때문에 공급선은 업계의 일반적인 수수료를 지급하고 조건에 따라 수수료를 조정할 필요가 있습니다.

유통경로 구성원 각자는 자신의 이익을 최대화하려고 하므로 갈등은 필연적으로 발생합니다.[102] 예를 들면, 중간상의 수수료 인상 요청에 대한 공급선의 거부, 공급선의 재고 유지 요청에 대한 유통업체의 거부, 유통업체를 배제하는 공급선의 전자상거래 이용 등이 갈등의 요인이 됩니다. 이 경우 마케터는 상호 신뢰를 바탕으로 정보 교환을 통해 각자의 성과를 최대화할 수 있는 방향으로 중간상과의 관계 관리를 통해 경로 전체의 성과를 높이도록 접근하여야 합니다.[103] 유통경로 구성원 간의 협력적 행동은 갈등에 대한 상대방의 인식과 정보 공유를 활성화하고, 갈등 해결에 대한 이견 조율과 합의 등의 과정을 추진하게 하며, 거래 관계를 지속하게 만듭니다.[104]

---

102 오일두 외 (2011), 유통경로에서 업무갈등과 관계갈등이 성과에 미치는 영향, 대한경영학회지, 24(1)

103 주우진과 김현식 (2007), 대형할인점과 공급업체의 협력–상생 가능성에 대한 이론적 고찰, 유통연구, 12(5)

104 노원희와 송영욱 (2012), 갈등해결전략이 관계학습과 성과에 미치는 영향, 유통연구, 17(3)

04
고객과의 의사소통

소비자 마케팅에서는 4P의 판매촉진(Promotion)을 단기적으로 구매를 장려하기 위한 활동으로 정의하고, 그 예로 쿠폰, 경품, 리베이트 제공 등을 들었습니다. 그러나 최근에는 판매촉진을 대신하는 용어로 의사소통(Communication)을 사용합니다. 고객과의 의사소통 방법에는 광고, 판매촉진, PR, 인적 네트워킹 등이 있습니다. 이 의사소통 방법은 마케터에 의한 인적 요소와 광고, 판매촉진, PR 등의 비인적 요소로 구분할 수 있습니다. 비즈니스 마케팅에서는 소비자 마케팅보다 비인적 의사소통 요소를 훨씬 적게 사용하는 반면 인적 의사소통 요소를 더 많이 사용합니다. [105] 의사소통을 위한 마케팅 예산도 인적 비용이 가장 많고, 다음으로 판매촉진, PR, 광고의 순으로 구성

---

105 Severina Iankova 외, A comparison of social media marketing between B2B, B2C and mixed business models, Industrial Marketing Management, 제81권, 2019년

됩니다.[106]

　의사소통 방법 중 광고는 특정 후원자가 비용을 부담하여 TV, 라디오 등과 같은 매체를 통해 일방적으로 메시지를 전달하는 방법으로 보통 대량판매 시장에 효과적입니다. 특히 공급선에 대한 인지도가 부족한 단계에서는 경제적이고 효과적인 촉진 방안입니다. 광고는 일방적 의사소통 도구이기 때문에 마케터가 자신의 메시지를 명확하게 전달하는 데 가장 유용합니다. 광고를 통해 고객에게 우호적인 기업 이미지를 투사할 수 있고, 이가 고객과의 면담에서도 호의적인 효과를 만들어 줍니다. 판매촉진은 특정 이벤트를 통해 고객인지를 높이는 방법으로, 비즈니스 마케팅에서는 산업전시회가 많이 활용됩니다. PR은 '공중관계'로 번역하는데, 이는 마케터와 내·외부 공중들 사이에 상호 이해와 호의를 형성하고 유지하는 것을 말합니다. PR의 하나인 홍보는 상업적으로 의미가 있는 뉴스를 공공 매체에 게재토록 하는 방법입니다. 그리고 인적 네트워킹은 마케터가 고객과 직접 쌍방향 의사소통을 하는 방법입니다.

　최근에는 IT 기술의 발전으로 인해 의사소통 방법에도 변화가 있습니다. 기업들이 2020년에 가장 효율적인 비즈니스 마케팅 의사소통 방식을 조사한 결과에 따르면, 이메일, 소셜 미디어, 블로그, 콘텐츠 마케팅 등 친숙한 단어들이 상위를 달리고 있습니다. 특히 소셜 미

106　https://www.b2binternational.com/publications/promotional-strategy-sound-horn/

[표 4-2. 의사소통의 방법]

종류	특징	기능	방법
광고	• 특정 후원자가 비용을 부담하여 매체를 통해 전달하는 일방적인 의사소통 • 대량판매 시장에 효과적	• 정보 제공 • 제품에 대한 호기심 • 판매에 대한 자극	• TV, 라디오, 신문, 잡지, 교통 광고, 옥외 광고 등
판매촉진	• 특정 이벤트에 대한 일방적 의사소통 • 단기적인 인센티브를 주기 위해 실시	• 광고와 인적 네트워킹의 중간적인 특징	• 샘플, 쿠폰, 할인, 컨테스트, 스탬프 • 산업전시회
PR (뉴스, 편집기사)	• 대상물에 관하여 상업적으로 의미가 있는 뉴스를 공공 매체에 싣는 일방적인 의사소통 • 후원자가 비용을 부담하지 않음	• 신제품 뉴스 • 제품 평가	• 뉴스 • 편집 기사
인적 네트워킹	• 개별 고객에게 직접 대응 • 쌍방향 의사소통	• 잠재 고객에 대한 특정 정보 제공 • 판매 계약 체결	

디어는 이제는 단순한 의사소통의 플랫폼이 아니라 구매 의사결정에 영향을 미치고 있습니다. 500개 이상의 중대형 기업의 구매 임원에 대한 포브스의 조사에 따르면, 구매 임원의 92%가 소셜 미디어가 구매 의사결정에 영향을 주었다고 합니다. 특히 2025년까지 미국 인력의 75%가 밀레니엄 세대로 구성될 것으로 추정하며, 이들이 소셜 미디어에 친숙한 점을 마케터가 고려하여야 할 것이라고 권고하였습니다.[107] 또한, 구매 조직이 구매 절차 초기에 정보를 수집하기 위하여 인터넷을 활용하는 추세가 더욱 증가하기 때문에 공급선이 제공하는

---

107 Hoda Diba 외 (2019), Social media influence on the B2B buying process, Journal of Business & Industrial Marketing, 34(7)

콘텐츠가 더욱 중요해지고 있습니다. 고객의 80% 이상이 구매 전에 이미 관련 공급선 웹사이트를 방문하여 온라인으로 관련 정보를 수집합니다.[108]

따라서 마케터는 소셜 미디어에 고객을 참여시켜 콘텐츠를 만들고[109] 이에 대한 자원 및 활동을 조정하여 성공적인 고객과의 관계 관리를 설정하고 강화하는 활동에 관심을 기울여야 합니다. 소셜 미디어 마케팅의 목표는 브랜드 이미지, 평판 및 브랜드 인지도를 높이는 것입니다.[110] 소셜 미디어 메시지에는 기업의 브랜드 이름을 강조하고, 콘텐츠에서는 기술 자료, 백서, 뉴스 기사 및 신제품 정보 등을 포함하고 정보 검색을 위한 링크를 제공할 것을 권유합니다.[111]

또한, 고객이 정보를 수집하기 위해 인터넷을 사용하는 시간이 증가하기 때문에, 공급선은 자사의 웹사이트를 관리하는 전문 마케터를 배치하여 잠재 고객이 자사 웹사이트를 통해 기술 사양 등의 정보에 쉽게 접근하도록 하고, 기존 고객이 자사의 웹사이트에 사용 후기를 올리도록 권장하며, 고객의 문의에 답변하고, 링크 달기, 신제품 소개

---

108 https://content4demand.com/blog/content-in-2021/

109 Lauri Huotari 외 (2015), Analysis of content creation in social media by B2B company, Journal of Business & Industrial Marketing, 30(6)

110 Timothy Cawsey와 jennifer Rowley (2016), Social media brand building strategies in B2B companies, Marketing Intelligence & Planning, 34(6)

111 Kunal Swani 외 (2017), What message to post? Evaluating the popularity of social media communications in business versus consumer markets, Industrial Marketing Management, 62

등의 활동을 펼쳐야 합니다. 기업의 소셜 미디어 채널에 관한 연구에서, 링크드인은 문제 해결을 위한 특정 포럼에 참여하여 신규 고객을 확보하는 데 효과적이며, 유튜브는 제품을 조립하는 방법 등 동영상을 공유하는 데 효과적이며, 블로그는 공급선 또는 제품에 대한 심층적인 정보를 기존 고객에게 제공하는 데 사용한다고 합니다. 반면, 이 연구에서는 트위터나 인스타그램은 마케팅에 효과적이지 않은 것으로 언급합니다.[112]

의사소통 도구에는 직접 우편과 인터넷을 이용한 이메일이 있습니다. 직접 우편은 일반적으로 기업 이미지 제고, 제품/서비스 촉진, 마케팅 지원, 유통경로 의사소통 및 특정 마케팅 문제 해결을 위해 사용합니다. 그러나 최근에는 직접 우편에 의한 의사소통은 점차 감소하고 IT 발달로 누구나 쉽게 사용할 수 있는 인터넷 의사소통이 증가하는 추세입니다. 인터넷은 잠재 고객 및 기존 고객과의 의사소통 강화에 유용한 매체로, 인터넷 마케팅이 점차 비즈니스 마케팅에서 중요한 자리를 차지하고 있습니다. 인터넷 사용은 직접 우편 마케팅 비용보다도 저렴하여 경제성이 뛰어납니다. 인터넷 마케팅 자료는 실시간으로 변경할 수 있어, 다른 매체에 비해 짧은 시간에 계획하고 실행하는 것이 가능합니다. 인터넷 마케팅은 제품에 대한 공간을 무한적

---

112 Svante Anderson과 Niclas Wikstrom(2017), Why and how are social media used in a B2B context, and which stakeholder are involved?, Journal of Business & Industrial Marketing, 32(8)

으로 사용할 수 있습니다. 인터넷은 기업의 규모와 상관없이 전 세계 고객에게 메시지, 제품 및 서비스를 제공하는 저렴한 비용의 매체입니다. 그리고 인터넷은 고객과의 1:1 관계 설정이 가능하게 하여 고객에게 개인화된 맞춤 정보를 전달하기에 유용합니다.

의사소통의 다양한 방법과 도구에 사용될 중요한 것이 메시지입니다. 고객에게 전달할 핵심 메시지 개발은 이들에게 친숙하고 이해하기 쉬운 언어로 가치 요소를 전달하는 것입니다. 핵심 메시지는 3가지 관점에서 고려합니다. 첫째, 시장과 경쟁 관점에서는 시장에서 무슨 일이 있는지, 경쟁사가 어떻게 포지셔닝 하는지 파악하고 더 독창적이고 차별화된 메시지를 개발합니다. 둘째, 내부 이해관계자 관점에서는 자사의 솔루션이 시장에서 어떻게 더 좋은 위치를 점할지에 대한 내부 의견을 듣습니다. 셋째, 고객 관점에서는 고객의 관심사, 의제, 솔루션을 찾는 것입니다.

메시지 프레임의 구성은 2가지 요소로 구분합니다. 솔루션, 제품, 서비스에 대해 특화된 메시지를 담는 솔루션 중심 요소, 그리고 기업과 브랜드에 대해 특화된 메시지를 담는 브랜드 중심 요소로 구분합니다. 솔루션 중심의 요소에는 고객이 직무와 관련하여 사용하는 특정 용어 등을 마케팅 메시지에 포함하고, 2~3가지 중요 문제에 초점을 두어 공급선의 솔루션이 어떻게 문제를 해결하는지를 제시합니다. 브랜드 중심의 요소에는 제공하는 솔루션에 대한 공급선의 브랜드가 시장에서 더 잘 보이도록 하는 것으로, 슬로건은 브랜드를 더 잘 표현해 줍니다.

일반적으로 각 산업계는 주기적으로 신기술을 선보이는 산업전시회를 개최합니다. 산업전시회는 마케팅 의사소통 활동 중의 하나로, 가장 많은 마케팅 비용을 집행하는 활동의 하나입니다.[113] 조사에 따르면, 산업전시회 방문자의 83%가 고객 구매 조직의 영향자로, 산업전시회를 방문하는 사람들의 목적은 신제품을 보기 위하여(50%), 전시회의 주제 분야에 관한 관심 때문에(15%), 특정 기업의 구체적인 제품을 보기 위하여(10%), 전시회 중 기술 또는 교육 회의에 참여하기 위해(9%), 기술 또는 제품 정보를 얻기 위해(9%)로 나타납니다.[114] 이에 따라 많은 마케터(82%)는 모든 형태의 비즈니스 마케팅에서 산업전시회 및 이벤트가 가장 많은 잠재 고객을 창출하는 것으로 평가하고 있습니다.[115] 국내 조사에서도 산업전시회가 B2B 중소기업에 다른 마케팅 홍보 수단보다 효과가 높다고 나타납니다.[116] 심지어 코로나19로 인한 공급망 붕괴 및 사업 중단 중에도 기업들의 65%는 코로나19 이후의 마케팅 의사소통 수단으로 산업전시회가 유용할 것이라고 응

113 Brain P Brown 외 (2017), Top management attention to trade shows and firm performance: A relationship marketing perspective, Journal of Business Research, 81

114 김봉석 (2007), 해외기업의 국내전시회 참가목적과 선택속성에 관한 연구, 한국경영학회 통합학술발표논문집

115 www.displaywizard.co.uk/most-effective-b2b-marketing-channels/

116 김영수와 정동빈 (2014), 전문전시회가 미치는 경제적 효과: 자본재, 원부자재 및 기술거래에서 재화공급자 중심으로, 한국경영교육학회 학술발표대회논문집

답합니다.[117]

마케터는 산업전시회 참가를 통해서 상대적으로 많은 관심 고객에게 한 번에 효과적인 마케팅 메시지를 전달할 수 있고, 신제품을 소개할 수 있습니다. 잠재 고객을 식별할 수 있고 이 고객들에게 제품을 직접 경험하도록 하는 것이 가능합니다. 또한, 자사에 대한 일반적인 호의를 강화시킬 수 있고, 언론매체를 통해 무료 홍보의 기회도 얻을 수 있습니다. 마케터는 또한 산업전시회를 관계마케팅 전략의 중요한 기회로 활용하여, 잠재 고객과 새로운 관계를 시작하기 위한 기회 및 기존 고객과의 관계를 강화할 기회로 활용할 수 있습니다.[118] 전시회를 방문한 잠재 고객들은 대응하는 마케터의 전문적 지식 및 인적 서비스, 전시된 제품의 시연 및 시연의 편이성, 판촉물의 유익성 등을 높이 평가하는 것으로 나타났으니[119] 산업전시회에 참가하는 마케터는 이에 대해 철저한 준비를 해야 합니다.

산업전시회를 통해 잠재 고객에게 접근하는 비용은 다른 인적 방문 비용보다 저렴합니다. 아울러 해외시장에도 단기간에 신제품을 소개할 수 있는 비용 효과적인 방법이며, 특히 국제 산업전시회는 다양한 고객을 직접 만나고, 경쟁사를 살펴볼 수 있고, 시장정보 수집의 좋은 기회가 됩니다. 특히 개발도상국의 비즈니스 시장에서는 인프

---

117 https://www.shopify.com/enterprise/b2b-ecommerce-wholesale

118 Maria Sarmento 외 (2015), A relationship marketing perspective to trade fairs: insight from participants, Journal of Business & Industrial Marketing, 30(5)

119 설상철과 김승 (2008), 국제제품전시회 참관 가치 영향요인, 참관 후 태도 및 이용 의도의 관련성에 관한 연구, 한국경영학회 통합학술발표논문집

라의 부족으로 마케팅 활동이 제한적이기 때문에 산업전시회 및 현장 방문과 같은 관계 중심의 활동이 효과적입니다. 산업전시회 참여에 따른 성과로는 고객의 구매 의사 확인, 시장 개척, 유망 고객 파악, 자사 이미지 제고 및 홍보 기회 확보 등의 성과가 있으며[120], 전시회 참가 횟수와 매출액과는 정(+)의 관계가 있습니다.[121]

[그림 4-5. 통합 마케팅 의사소통]

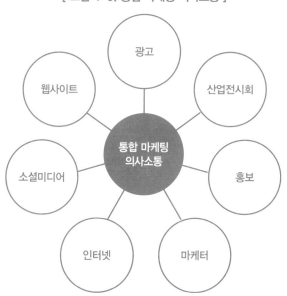

120 김용국과 동학림 (2020), 해외전시회 품질특성이 재참가의도에 미치는 영향: 참가성과의 매개효과 및 정책지원의 조절효과를 중심으로, 벤처창업연구, 15(2)
121 한정한과 전인오 (2009), 전시회 참가활동이 기업의 경영성과에 미치는 영향: 방위산업체를 중심으로, 한국벤처창업학회 학술대회논문집

이처럼 인적 및 비인적 의사소통 형태가 고객에 긍정적인 영향을 주도록 정보를 제공하는 통합된 의사소통 프로그램에서는 인적 네트워킹 노력과 효과적으로 통합된 광고 및 판매촉진 전략이 필요합니다. 즉, 광고와 판매촉진 프로그램은 별도로 움직이는 것이 아니라 전체 의사소통 전략, 특히 인적 네트워킹과 통합하여 운용되어야 합니다. 아울러 온라인 채널과 오프라인 채널을 적절히 조합하여 최대의 효과를 얻을 수 있도록 마케팅 활동을 수행하여야 합니다.[122]

---

[122] https://exob2b.com/en/what-is-integrated-marketing-in-b2b-and-why-should-i-use-it/

05
고객과의 장기 관계를 구축하는 마케터

    기업 운영에서 마케팅은 기업의 전체적인 성공을 결정하는 중요한 기능이며, 이를 지원하는 마케팅 믹스에서 인적 자원, 즉 마케터는 공급선과 구매 조직 간의 접점에서 가치를 제공하는 제품 및 서비스와 직접 연결되어 있어 가장 중요한 요소가 됩니다. 이는 거래하는 제품의 기술적 복잡성, 소수의 구매자, 계약까지 장기간 소요 등의 특성으로 인하여 최초 고객 접촉에서부터 제품의 수명주기까지의 고객 관계 관리 측면에서 그 중요성이 재차 강조되기 때문입니다.

    마케터는 단순히 물리적 제품을 제공하는 것뿐만 아니라, 아이디어, 권고, 기술 지원, 경험, 확신, 우정 등을 제공합니다. 일부 대형 고객은 공급선 평가 시 제품 품질, 납기 신뢰도 및 가격뿐만 아니라 마케터가 제안하는 아이디어나 제안도 포함합니다. 마케터는 고객뿐만 아니라 유통경로 상의 구성원도 접촉합니다. 공급선의 이미지, 명성 및 요구도 충족 역량은 상당 부분 마케터에 의해 결정됩니다.

따라서 마케터는 고객의 요구도를 충족하기 위해 자사 제품과 서비스에 대한 완벽한 지식을 가져야 하며, 경쟁 제품과 고객의 산업계 추세에 대해서도 논의할 수 있어야 하며, 고객의 사업만이 아니라 그 최종 고객에 대해서도 알아야 합니다. 특히 마케터의 전문성이 높을수록, 권한 정도가 높을수록, 고객과의 접촉 빈도가 높을수록, 관계가 지속될수록 마케터에 대한 신뢰가 높아지며, 마케터에 대한 신뢰가 결국 그 공급선에 대한 신뢰로 이어집니다.[123] 고객은 마케터와의 장기적인 관계가 신뢰를 구축한다고 생각합니다.[124] 장기적인 관계 구축은 고객과의 긍정적 관계를 형성하고 증진할 뿐만 아니라 구매 의사결정에 중요한 역할을 하여 마케팅 성과를 높입니다.[125]

고객과 장기적인 신뢰 관계를 추구하는 첩경은 관계 초기, 특히 고객과의 첫 대면에서부터 교감을 형성하는 것이 중요합니다. 교감은 자연스럽게 고객 중심의 태도와 관심을 통해 긍정적인 감정을 공유하게 됩니다. 이를 위해 마케터는 자신의 이야기보다는 고객의 이야기에 민감하게 반응하는 것이 중요합니다.[126] 고객이 중시하는 마케터

---

123 노전표 (2003), 비즈니스 서비스 공급자에 대한 신뢰가 조직구매자의 소싱전략에 미치는 영향, 산학경영연구, 16
124 Laurence Lecoeuvre 외 (2021), Customer experience in the b2b area: The impact of age-related impression, Journal of Retailing and Consumer Service, 58
125 김상화 외 (2016), B2B기업의 마케팅 활동과 시장 환경이 매출 성과에 미치는 영향, 한국경영과학회지, 41(2)
126 Timo Kaski 외 (2018), Rapport building in authentic B2B sales interaction, Industrial Marketing Management, 69

의 특성에서도 적극적 경청(42%), 문제 해결(38%), 신뢰(38%), 관계 구축(34%) 등의 순으로 조사되었습니다.[127] 마케터의 자질 중 가장 중요한 자질은 경청(Listening)이라고 생각합니다. 고객은 단순히 우수한 제품과 서비스를 구매하는 것이 아니라, 자기 말을 경청하고(75%), 고객의 니즈를 이해하고(73%), 협력하는(73%) 마케터를 선택합니다.[128]

경청이란 상대방의 이야기를 주의 깊게 귀담아듣는 태도로, 말의 내용뿐만 아니라 말하려는 의도와 심정을 주의 깊게 정성 들여 듣는 것입니다.[129] 경청에서 가장 중요한 것은 "고객에게 집중하지 않으면 고객의 말을 들을 수 없다."라는 것입니다. 아울러 사람은 누구나 편견으로 인해 자신에게 유리한 말만 듣는 경향이 있습니다. 이를 방지하기 위해 고객과의 면담 시에는 동료와 동행하는 것을 권유합니다. 이는 말하는 사람이 고객의 이야기를 전부 기억하기 어려우니 동료가 기록하여야 하며, 면담 후 그 내용을 정리할 때 고객의 입장을 편견 없이 받아들이는 방법이라고 생각합니다.

기업의 경영 성과와 가장 밀접한 관계가 있는 마케터는 기본 능력으로는 서류 작성, 명확한 의사소통, 프로젝트 관리, 선제적 사고, 수학과 분석에 능숙하여야 하며, 필요 능력으로는 새로운 마케팅 기법 이해, 고객의 구매 의사결정 과정 이해, 시장을 세분하여 목표화하는

127 https://www.marketingcharts.com/industries/business-to-business-113407
128 www.rainsalestraining.com/blog/9-keys-to-b2b-sales-success
129 김춘경 외, 『상담의 이론과 실제』, 2판, 학지사, 2016년

능력이 필요합니다. 아울러, 최신 추세를 지속적으로 파악하고자 하는 자세, 더 좋게, 더 빠르게, 더 값싸게 개선하고자 하는 자세, 고객이 원하는 것을 듣고자 하며 의사소통하는 자세, 기술 변화를 수용하는 자세, 행동하는 자세도 필요합니다. 고객과의 협상에서는 자신의 감정을 통제하고 상호 호혜적인 성과에 집중하는 목표 지향적 자세를 가져야 하며,[130] 또한, 마케터는 기업의 손익을 책임지고 있기에 손익계산서상에 나타나는 매출액, 원가와 비용, 이익 개념을 완전히 이해하고 있어야 합니다.[131]

중요한 자원인 마케터를 효율적으로 관리하기 위한 마케팅 조직 구성은 우선 시장 및 판매 전망에 따라 전체 마케터 규모를 결정합니다. 마케팅 조직의 세부 구성은 제품 라인, 마케팅 프로그램에서 중간상의 역할, 세분 시장의 다양성, 각 세분 시장에서 구매 행동의 본질, 경쟁 구조를 포함한 요소에 따라 마케터를 구성합니다.

마케팅 조직은 일반적으로 지역별 조직, 제품별 조직, 고객별 조직으로 구성합니다. 지역별 조직은 마케팅 조직의 가장 일반적인 형태로, 장점은 비용이 최소화되며 고객에 대한 이해도가 높습니다. 단점은 마케터가 해당 지역에서 기업의 전 제품을 다루고 모든 고객을 위한 활동을 하여야 하고, 마케터가 친숙한 제품만 강조하는 경향이 있

---

130 민현종과 송계충 (2010), 정부계약협상자의 협상전략과 협상성과의 관계: 협상자의 감성지능의 조절효과, 경영경제연구, 33(1)
131 정창환, 마케터가 잘 다루어야 할 이익드라이버, 가격 (2017), 마케팅, 51(4)

다는 것입니다.

제품별 조직은 제품이 다양하고 기술적으로 복잡하며, 마케터가 고객의 요구를 충족시키기 위해 높은 수준의 지식이 필요할 때 유용합니다. 장점은 마케터가 제품에 대한 지식을 강화할 수 있으며 신규 세분 시장을 발굴할 수도 있다는 것이나, 단점은 전문화된 마케터를 개발하고 배치하는 비용이 들고 이 비용을 상쇄하기 위해 수요 규모가 있어야 한다는 것과 한 고객이 여러 제품을 요구할 때 여러 명의 마케터가 있어야 한다는 것입니다. 그러나 고객은 여러 제품이 필요해도 한 사람의 마케터를 선호하는 경향이 있으니 참조할 필요가 있습니다. 이러한 제품별 조직은 일반적으로 다양한 유형의 제품을 많이 판매하는 대기업에서 활용합니다.[132]

고객별 조직은 제품별 조직보다는 고객 지향적으로, 마케터가 핵심 세분 시장이나 고객별 특정 요건을 더 잘 인식하여 차별적으로 대응할 수 있습니다. 단, 세분 시장이나 고객은 특별한 취급을 받을 만큼 충분히 커야 합니다. 업계에서 선도력을 지닌 고객, 개선을 위한 제안을 적극적으로 수용하는 개방적 고객은 마케팅 의사소통을 수용할 준비가 되어있는 좋은 고객으로 마케터가 자원을 효과적이고 효율적으로 사용할 수 있습니다.[133]

기타 마케팅 경로별 또는 마케팅 활동별로 조직을 구성할 수도 있

132 www.kvadrant.dk/2020/02/17/how-to-organize-your-b2b-marketing-fuction/

133 Weng Marc Lim (2019), How can challenger marketers target the right customer organization? The A-COO-W customer organization profiling matrix for challenger marketing, Journal Business & Industrial Marketing, 34(2)

습니다. 마케팅 경로를 기준으로 하는 조직은 직접 마케팅, 중간상, 전자상거래 등으로 나누어 조직합니다. 마케팅 활동별로는 시장 조사, 마케팅 기획, 마케팅 운영, 브랜드 관리 등으로 구분할 수 있습니다.

이처럼 마케팅 조직을 구성하는 방법은 여러 가지가 있습니다. 마케팅 조직 구성에 영향을 미치는 요인은 기업의 특성, 규모, 마케팅 전략, 예산, 장기 목표 등이 있으며, 이를 고려하여 자사에 맞추어 조직을 구성하는 것이 중요합니다.[134]

고객과 공급선 간의 관계는 글로벌 경쟁 심화, 품질 개선 요구, 기술 급변, JIT 운용 도입 등으로 인하여 긴밀한 관계 또는 전략적 협력 관계를 강화하는 추세로 가속화되고 있습니다. 서로 문화가 다른 비즈니스 환경에서도 장기 지향적이고 연대적 관계는 중요하게 여겨지고 있습니다.[135] 고객과의 관계 형태는 일반적으로 일반 공급선 → 우선 협력업체 → 전략적 협력업체의 순으로 고객과 공급선 간 협력관계를 강화하는 방향으로 진화됩니다.

일반적 거래 관계는 많은 대안이 있는 경쟁적 시장에서, 구매 의사 결정이 복잡하지 않고 공급시장이 안정적이며, 구매가 기업의 목표에 중요하지 않을 때 사용합니다. 이 관계에서는 양자 간의 정보 교환이 낮은 수준이며, 양자 간의 운영 연계도 관여 정도가 낮습니다. 품목으

134 https://www.oneims.com/b2b-marketing-team-structure/

135 Minna Jukka 외 (2017), A cros-cultural perspective on relational exchange, Journal of Business & Industrial Marketing, 32(7)

로는 사무용품, 일상용품, 운송 서비스 등이 있습니다. 고객과 공급선은 단지 가격으로 표준품의 적기 교환에만 집중하며, 고객은 향후에도 관계를 지속할 필요성이 낮습니다. 공급선의 관계마케팅 노력도 관계 성과에 미치는 영향이 적습니다.[136] 일반적 거래에서는 마케터는 경쟁에서 승리하기 위해 제품, 가격, 기술 지원 및 다른 혜택 등의 조합을 통해 즉각적이고 매력적인 제안을 제공하여 고객의 관심을 이끌고 자신과의 거래에 집중할 수 있도록 하여야 합니다. 주기적 방문을 통한 고객과의 관계 구축 등에 대한 투자는 상대적으로 효과성이 떨어지는 것으로 여겨집니다.

협력적 거래 관계는 대안이 적고, 기술이 급변하는 것과 같이 시장이 역동적이며, 구매의 복잡성이 높을 때, 특히 구매가 고객에게 전략적으로 중요할 때 공급선과 긴밀한 관계를 추구하게 됩니다. 이 관계에서는 양자 간에 정보 교환이 높은 수준이며, 양자 간의 운영 연계도 관여 정도가 높으며, 특히 전환비용이 중요한 요소로 고려됩니다. 전환비용이란 고객이 공급선을 변경하고자 할 때 드는 비용으로, 신규획득 비용, 신규 장비에 대한 교육·훈련 등 인적 투자, 장비 유지, 업무 절차 등에 대한 투자와 리스크까지도 고려하여야 합니다. 이러한 관계에 해당하는 품목으로는 생산 장비, 기업 경영 소프트웨어, 핵심 부품 등이 있습니다. 고객과 공급선은 원가절감 및 가치 증가를 통해 서로 이득을 얻기 위해 점차 관계를 강화합니다. 협력적 거래에서는 고객과

---

136 윤점홍과 문준연 (2018), 공급기업의 관계마케팅 노력이 관계성과에 미치는 영향에 있어서 구매전략과 환경 동태성의 조절효과에 관한 연구, 대한경영학회지, 31(12)

의 관계 구축 전략이 적합하므로, 마케터는 관계 강화를 위해 정기적으로 방문하여 고객을 면담하고, 요구도 충족을 위한 운영 연계 및 정보 교환도 고려할 필요가 있습니다. 특히 기술집약적인 제품 거래 관계에서는 기술 서비스를 제공하여 경쟁우위를 점할 수 있습니다.

국내 중소기업을 대상으로 한 연구에서 고객과의 거래 유지를 위해서 공급선은 고객이 필요로 하는 자원이나 역량 및 전문성을 지녀야 한다고 나타납니다.[137] 다른 연구에서는 대기업 주도의 거래 관계에서는 공급선의 노하우가 가장 중요한 가치로 인식되었고, 다음으로 서비스 지원, 출시 시기, 납품 성과의 순이었습니다. 반면 중소기업 간의 거래 관계에서는 서비스 지원이 가장 중요하고 다음이 공급선 노하우, 출시 시기, 납품 성과의 순으로 나타났습니다. 즉, 공급선의 노하우와 서비스 지원이 가장 중요한 관계 가치로 인식되고 있는 것입니다.[138] 이는 고객과의 관계가 형성된 후에는 시기적절하고 신뢰할 수 있는 기술 지원과 같은 역량을 제공하는 데 중점을 두어야 한다는 연구 결과와도 맥을 같이 합니다.[139] 강화된 관계 품질은 고객의 공급선 선호라는 행동에 직접적인 영향을 미칩니다.[140]

---

137 손미경 외 (2013), B2B 거래기업 특성이 관계성과에 미치는 영향: 기술환경불환실성의 조절효과 중심으로, 한국유통확회 학술대회 발표논문집

138 박창현 (2016), 한국과 대만 B2B 시장의 고객과의 관계 가치에 관한 연구, 한국산학기술학회 논문지, 17(4)

139 Lars Witell 외 (2020), Characterizing customer experience management in business market, Journal of Business Research, 116

140 Piotr Kwiatek 외 (2020), The role of relationship quality and loyalty program in building customer loyalty, Journal of Business & Industrial Marketing, 35(12)

고객과 공급선과의 관계 관리와 관련되는 분야가 바로 CRM(Customer Relationship Management)입니다. CRM은 핵심 고객을 식별하고, 이들과의 성공적인 교환 관계를 수립, 개발, 유지하려는 활동에 대한 관리를 말합니다. CRM의 궁극적인 목적은 고객에 대한 정확한 분석을 통하여 지속적인 관계를 수립하고 고객 충성도를 확보하는 것입니다.[141] CRM이 중요한 이유는 고객과의 장기적이고 안정적인 관계 유지가 기업 생존의 중요한 요소이며, 고객과 강한 관계를 갖는 기업은 경쟁사가 모방할 수 없는 이점을 보유하기 때문입니다. 특히 시장 선두 기업은 고객 관계 관리 전략으로 고객 획득보다는 고객 유지에 더 중점을 두고 있습니다.[142] 수익성이 있는 고객과 깊은 관계를 유지하면 고객 충성도가 증가하고 이가 기업의 수익 증가로 연결됩니다. CRM을 통하여 기업은 고객 관계가 개선되었으며(74%), 매출이 증대되었으며(65%), 생산성이 향상되었으며(50%), 인건비가 줄었다(40%)고 합니다.[143]

고객의 관계 만족에 대한 효과를 지속적으로 높이기 위해서는 고객과 접점에 있는 마케터의 역할이 중요합니다.[144] 물론 고객과의 관계 형성 그 자체가 마케터의 목적은 아닙니다. 관계 형성은 과정상의

---

141 박찬주 외 (2002), B2B 거래에서 3차원 포지셔닝 맵과 웹 모양고객 니즈 분석을 통한 고객 특성 연구, 대한산업공학회지, 28(3)

142 송태호와 김지윤 (2020), 경쟁 시장 환경에서 고객 관계 관리 전략의 차별적 효과에 관한 연구: 통신 산업 사례, 경영학연구, 49(2)

143 https://snov.io/blog/crm-trends/

144 하홍열 (2014), 로지스틱 회귀분석을 이용한 B2B 관계만족과 마케팅성과:시간종속성의 변화, 고객만족경영연구, 16(4)

방법일 뿐 마케터의 목적은 고객과의 교감 형성을 통해 구축한 유대감을 기반으로 잘 드러나지 않는 고객과 경쟁사 정보를 체계적으로 수집하여 자사의 마케팅 역량을 강화하는 것에 있습니다.[145]

비즈니스 마케팅에서 CRM 전략을 수립하는 방안은 핵심 고객을 식별하고, 고객에 따른 올바른 가치 제안을 하며, 고객에게 제품과 서비스를 제공할 최적의 방안을 연구하고, 고객을 위한 전담 마케터의 양성 및 배치, 그리고 고객 유지 관리로 요약할 수 있습니다.

최근에는 B2B CRM에 대한 다양한 소프트웨어가 판매되어 이미 많은 기업이 이를 사용하고 있을 뿐만 아니라, 기술의 발전에 따라 인공지능, 소셜 미디어, IoT 등이 통합되어 CRM 기능을 강화하여 고객 정보의 추적 및 최신화, 고객 경험의 자료화 등을 제공하고 있습니다. CRM에 축적된 자료는 고객의 특성 및 선호도에 대한 귀중한 통찰력을 제공하고, 이러한 자료를 활용하여 더욱 광범위하고 집중적인 맞춤형 솔루션을 개발하여 제공할 수 있도록 발전하고 있습니다.[146]

---

145 김용기, 『최강입찰제안서』, 한스미디어, 2012년
146 https://blog.hubspot.com/sales/latest-crm-trends

06

마케팅 성과평가를
위한 요소

우리는 3장에서 마케팅 목표의 진행 및 달성 여부를 평가하기 위해 정량적인 지표인 핵심성과지표, KPI를 수립한다고 이야기하였습니다. 마케팅 전략은 이러한 KPI를 달성하기 위해 마케팅 믹스 요소를 구성하고 활동합니다. 그렇지만 모든 마케팅 활동이 원하는 결과를 전부 만들지는 못합니다. 마케팅 활동으로 목표를 달성하였거나 달성하지 못하였더라도, 수립한 계획대로 진행 또는 달성 정도를 주기적으로 객관적이고 편향되지 않게 분석하면 자료에 기초한 합리적인 의사결정으로 전략 방향을 수정할 수 있고, 이 방법으로 미래에 대한 성과를 개선할 수 있습니다.

마케팅 전략과 관련된 KPI는 기업의 재무 및 운영 목표와 연계하여 수립합니다. 전형적인 마케팅 KPI에는 수익 공헌율, 시장점유율, 신규 고객 확보율, 고객당 마케팅 비용 등이 있지만, 이외에도 활동 기간 마케팅 활동 비용, 홍보, 광고, 전시회 등 마케팅 활동별 비용, 고객

[표 4-3. 분야별 마케팅 성과 평가 지표]

제품	세분 시장별 매출액, 매출액 성장률, 시장점유율, 이익 공헌율, 총 수익률, 투자 수익률 등
가격	매출 규모에 따른 가격 정책 및 가격 변동, 신규 계약에 대한 입찰 전략, 마케팅 비용 대비 수익, 경로 구성원 성과 대비 이익 등
유통	경로별 매출액, 경비, 이익 공헌율, 매출액 대비 경비 비율, 경로별 물류 활동에 따른 물류비용 등
의사소통	매체 형태별 광고 효과, 매체 형태별 방문, 문의 및 정보 요청 건수, 잠재 고객 대비 신규 고객 비율, 신규 고객 획득 비용, 방문 당 비용, 방문 건당 매출액, 지역별 매출액, 매출액 대 비용 비율, 기간당 신규 고객의 수, 고객만족도 등

별 또는 지역별 수익률 등에 대하여 계획 대비 진행/실적을 평가합니다. 마케팅 성과 평가에 사용할 수 있는 평가 지표의 예는 위와 같습니다.

참고로, 이상적인 마케팅 비용은 매출액의 10%로 알려졌으며[147], 2020년 조사에 의하면 B2B 기업은 산업별로 다르지만, 평균적으로 매출액의 약 11.3%를 마케팅 비용으로 지출하고 있습니다. [148]

최근에는 디지털 마케팅 활동도 점차 중요도가 높아지므로, 디지털 마케팅 노력의 성과를 측정하기 위하여 특정 웹사이트에 대한 총 방문자 수, 순 방문자 수, 방문자 중 관련 자료를 다운로드한 비율, 특정 페이지에서 웹사이트를 떠나는 이탈률, 고객을 확보하기 위해 광

---

147 https://www.themarketingblender.com/b2b-marketing-budget/
148 https://hockeystack.com/blog/b2b-marketing-kpis/

고에 투자한 고객 단위당 비용, 광고 클릭당 비용, SEO(Search Engine Optimization)에 대한 투자 수익률, 방문자 유지율, 방문당 페이지 수, 인바운드 링크 수 등을 KPI로 선정하여 측정할 수도 있습니다. 이러한 KPI를 측정할 수 있는 도구로는 가장 널리 사용되는 구글 아날리틱스, 세일즈포스, 게코보드, 스코로 등이 있습니다.[149]

　참고로, 디지털 마케팅 시대를 맞이하여 비즈니스 마케터도 이와 관련된 몇 가지 관련 용어를 인지할 필요가 있습니다. SEO는 웹사이트를 검색자에게 최적화시키는 것을 말하는데, 검색하는 잠재 고객이 요구하는 사이트를 제작 및 운영하는 과정입니다. 마케팅 자동화란 마케팅을 자동화시켜주는 소프트웨어나 시스템으로 마케팅 업무를 효율적으로 그리고 자동으로 처리하는 것입니다. 인바운드 마케팅이란 외부에서 내부로 유입되도록 유도하는 마케팅 전략의 하나로, 매력적인 콘텐츠와 가치 있는 정보로 잠재 고객을 유인하여 실제 고객으로 끌어들이는 마케팅 활동으로, 전통적인 전화, 이메일, 전시회, 광고나 홍보보다 SEO, 블로깅, 소셜 미디어 등을 활용하는 마케팅 기법입니다. 콘텐츠 마케팅이란 불특정 다수를 대상으로 TV나 신문과 같은 전통적인 매체를 통하여 광고하는 것이 아니라, 특정 고객에게 가치 있고 일관되면서 연관성이 높은 콘텐츠를 제작해 확산시키는 마케팅 기법입니다.[150]

---

149 www.singlebrain.com/metrics/top-marketing-kpis-that-every-b2b-company-needs-to-track/
150 www.blog.goldenspiralmarketing.com/step-by-step-guide-building-kpis-b2b-tech

4장. 마케팅 세부 계획 – 5P 믹스

■ 공급선이 고객 가치를 구현하기 위해 고객에게 제공하는 제공물은 고객의 요구도를 충족하여야 합니다. 제공물은 원가 항목을 기준으로 투입 상품, 기초 상품, 편의 상품으로 구분할 수 있으며, 각 상품의 특성에 따라 마케터의 활동이 다릅니다.

■ 제품과 서비스 및 지원을 결합한 하이브리드 제안은 공급선에게 부가적인 가치를 창출하며, 공급선에 대한 고객의 의존도를 높여 자물쇠 효과를 제공합니다. 또한, 고객과의 관계를 심화시킬 기회를 제공합니다.

■ 경쟁력의 원천이 되는 가격은 제품의 특성, 고객의 특성, 시장의 특성, 업계의 특성 등 여러 요인에 의해 영향을 받으며, 고객은 구매 의사결정 시 수명주기 동안의 전체 비용인 Total Cost of Ownership을 고려합니다.

■ 가격 결정은 전략적 목표, 수요, 원가와 이윤, 경쟁 등의 요소를 고려하여 결정합니다. 일반적으로 가장 중요한 가격 결정 요소는 경쟁으로 경쟁의 강도에 따라 가격 상한선이 결정됩니다.

■ 공급선과 고객을 연결해주는 유통은 중간상 유무에 따라 직접 유통과 간접 유통으로 구분합니다. 중간상의 대표적인 형태는 자신이 직접 제품을 구매하여 판매하는 유통업체와 공급선의 마케팅 역할을 담당하는 대리인이 있습니다.

■ 대기업들은 다양한 고객의 요구에 대응하기 위해 직접 유통과 간접 유통을 복합적으로 운용하기도 하며, 일부 공급선은 전자상거래를 포함하는 유통 전략을 통하여 중간상을 배제하고 고객과 직거래를 확대하는 방식으로 변화하고 있습니다.

- 고객과의 의사소통 방법은 마케터에 의한 인적 요소와 광고, 판매촉진, PR 등의 비인적 요소로 구분할 수 있습니다. 비즈니스 마케팅에서는 고객과의 장기적 관계 구축에 필요한 인적 의사소통 요소를 더 중시하며, 비인적 요소는 이를 지원합니다.

- 최근 IT 기술 발전으로 이메일, 소셜 미디어, 블로그, 콘텐츠 마케팅 등의 새로운 의사소통 방식이 사용되고 있습니다. 고객 역시 인터넷 활용이 증가하기 때문에 공급선의 웹사이트 및 콘텐츠의 중요성이 점점 더 강조됩니다.

- 공급선과 고객 간의 접점에 있는 마케터는 비즈니스 특성과 장기적 고객 관계 관리 측면에서도 공급선의 이미지, 역량 및 신뢰성까지 영향을 미칩니다.

- 마케터에게 가장 중요한 역량은 적극적인 경청이며, 마케터를 효율적으로 관리하기 위한 마케팅 조직 구성은 일반적으로 지역별, 제품별, 고객별로 구성합니다.

CHAPTER

5

프로젝트 착수

고객의 요구를 충족시키고 가치를 높이기 위한 기업의 활동은 일반적으로 회계, 재무 또는 생산 등과 같은 반복적인 업무와 설계, 마케팅 등과 같은 단속적인 업무로 구성됩니다. 그러나 급변하는 환경에서 기업이 한정된 자원으로 신속하고 유연하게 대응하도록 의사결정을 하면서 경쟁력을 강화하기 위한 전략 실행에는 많은 어려움이 있습니다. 따라서, 기업들은 반복적인 운영(operation) 업무는 전산화하고 자동화하거나, 아웃소싱하는 경향이 늘고 있습니다. 반면 개별화된 고객의 요구 충족 및 가치 제고와 직결되는 설계나 마케팅과 같은 단속적 업무는 핵심역량으로 여기고 필요하면 외부와의 네트워킹을 통해서라도 그 역량을 더욱 강화하고자 합니다. 세계적으로 유명한 베인 컨설팅 회사도 미래의 기업 변화에 대한 전망에서 대부분의 기업 핵심 활동이 유연하게 움직이는 단속적인 프로젝트 기반의 조직 활동이 될 것으로 예측합니다.[151]

이에 따라, 5장에서는 마케팅 성과로 확보한 특정 수주 프로젝트를 주어진 기간 내에 고객의 요구도에 맞추어 성공적으로 납품하기 위하여 우선 프로젝트에 대한 개요를 살펴봅니다. 이를 위하여 프로젝트에 대한 정의, 특성 및 단계를 알아보며, 프로젝트를 성공적으로 이끌기 위한 프로젝트 관리자(PM; Project Manager)와 프로젝트 관리실(PMO; Project Management Office)의 역할에 대해 알아봅니다. 또한 프로젝트 수행과 성공에 영향을 미치는 프로젝트 이해관계자를 식별하고 관리하는 방법을 파악합니다. 그리고 프로젝트 수행을 위한 기본 지침서로 이해관계자들과의 공유와 지원에 대한 프로젝트 헌장에 대해 알아봅니다.

---

151 https://bain.com/insights/firm-of-the-future

01

프로젝트란
무엇인가?

    타 기업이나 정부와 기관을 대상으로 종합적인 비즈니스 마케팅 활동을 펼쳐 고객과 계약을 체결하면 고객과의 거래 대상이 되는 개별 사업을 일반적으로 사업 또는 프로젝트라고 표현합니다. 이처럼 특정 프로젝트에 대한 사업화를 위한 비즈니스 마케팅 활동에서 시작하여 수주 후 해당 프로젝트 종결에 이르기까지의 전 과정을 다루기 전에, 우선 프로젝트에 대한 개념부터 명확히 인식할 필요가 있습니다.

    프로젝트에 대한 기준 및 관리 모델을 연구하고 체계를 수립한 기관으로는 1969년에 설립되어 현재 전 세계적으로 290만 명 이상의 프로젝트 관리자를 회원으로 보유한 비영리 전문가 협회인 미국의 PMI(Project Management Institute)가 있습니다. 이 PMI는 '모든 프로젝트는 고유한 제품, 서비스 또는 결과물을 통해 가치를 창출하기 위한 일시적인 노력'(All projects are a temporary effort to create value through a unique product, service or result.)[152]이라고 정의합니다.

또한, 국제표준기구인 ISO(International Organization for Standardization) 에서는 2012년 9월 발표한 프로젝트 관리 국제표준인 ISO 21500에 서 프로젝트를 '목표 달성을 위해 시작 일자와 종료 일자가 있는 조정 되고 통제된 활동으로 구성된 고유한 프로세스의 집합'(a unique set of processes consisting of coordinated and controlled activities with start and finish dates, undertaken to achieve an objective)[153]이라고 정의합니다.

프로젝트를 재차 정의한다면, 특정 목표를 성공적으로 달성하기 위하여 제한된 자원과 일정 내에서 최적으로 수행하는 일시적인 일련 의 활동이라고 정리할 수 있습니다. 이러한 정의들로부터 우리는 프 로젝트에 대한 몇 가지 특징을 식별할 수 있습니다.

첫째, 모든 프로젝트는 고유합니다. 이는 각 프로젝트는 단지 한 번만 수행된다는 것을 의미합니다. 비즈니스 마케터 혹은 프로젝트 팀원으로 수행하는 활동도 일시적으로 독특한 활동입니다. 때로는 지금 수행하고 있는 프로젝트가 이전에 수행하였던 타 프로젝트와 유 사할 수는 있을지라도, 프로젝트와 관련된 이해관계자나, 프로젝트 결과물이나, 프로젝트 일정이나, 사용하는 자원이나, 프로젝트를 수 행하는 절차나 활동들이 완벽히 똑같을 수는 없으므로 각 프로젝트는 서로 다르다고 인식하여야 합니다. 이처럼 프로젝트는 반복적인 운

---

152 https://www.pmi.org/about/learn-about-pmi/what-is-project-management
153 https://projectmanager.org/iso-21500/project-definition-iso-21500/

영 업무와 달리 일시적이기 때문에 학습효과를 얻기 어렵고, 매번 새로운 환경과 조건에 놓이기 때문에 그만큼 불확실성에 노출되어 실패할 확률도 높습니다. 전 세계 주요 프로젝트의 성공과 실패의 요인에 관한 연구에 대한 CHAOS Report 2020에 의하면, 성공하는 프로젝트의 비율은 31%에 불과하며, 50%는 문제에 직면해 있고, 19%는 실패하였다고 합니다.[154] 이처럼 성공하기가 쉽지 않은 프로젝트 관리 활동에서는 리스크에 대한 관리 활동도 포함합니다.

둘째, 목표를 달성하여야 합니다. 목표를 달성하여야만 고객의 만족도가 높아지고 이가 고객과의 관계를 유지 및 심화시키고 재구매로 이어지게 할 수 있기 때문입니다. 따라서 프로젝트의 최종 목표 달성은 프로젝트의 성공적 종결뿐만 아니라 더 나아가 고객의 가치를 충족하는 고객 만족까지도 초점을 두어야 합니다. 달성하여야 하는 프로젝트 목표를 명확히 기술하기 위해서는 '제품이나 서비스 또는 결과물'이라는 프로젝트의 최종 산출물에 대한 요구사항을 구체적으로 기술하여야 합니다. 이를 바탕으로 프로젝트의 성과를 구체적으로 측정하여 프로젝트의 성공과 실패를 평가할 수 있는 KPI를 개발하고 수립하여야 합니다. 프로젝트를 수행하는 동안 많은 변경 상황이 발생할 수 있지만, 프로젝트 목표는 변경되어서는 안 됩니다. 만일 이가 변경된다면 이는 서로 다른 프로젝트로 보아야 합니다.

---

154 https://www.standishgroup.com/news/45

셋째, 시작과 종료 일정이 있습니다. 프로젝트의 일시적인 특성과도 맥을 같이 하는 것으로, 반복적인 업무가 아닌 프로젝트의 목표를 달성하기 위해 서로 연관된 활동들을 언제 시작하고 언제 끝내야 하는지에 대한 한시적인 일정 목표가 있는 것입니다. 일정 목표에는 3개월 이내에 프로젝트 수주를 위한 제안서 작성 및 제출과 같은 단기적인 프로젝트 일정도 있지만, 조선, 플랜트, 항공우주, 방위산업 등과 같은 분야에서는 마케팅 활동에만 10년이 걸리고, 해당 프로젝트의 납품 및 종결에도 5년 이상이 소요되는 장기간의 프로젝트 일정도 많이 있습니다.

넷째, 조정되고 통제된 활동입니다. 프로젝트 목표를 기한 내에 성공적으로 달성하기 위해서는 목표 달성을 위한 각 활동이 실행할 수 있는 단위로 명확하게 구분되고, 시간과 비용의 형태로 표현되며, 상호 연관성으로 구조화되어야 하며, 이가 감독받아야 하고, 통제되어야 합니다.

이러한 특징으로 인하여, 프로젝트는 고객의 특별한 요구도에 맞춘 고유한 산출물을 성공적으로 제공하는 데 가장 적합한 경영방식으로 알려져 있습니다. 고객의 요구도가 표준화되어 연속생산 체제로 변경되면 이는 일회성의 프로젝트가 아니라 반복되는 운영으로 봐야할 것입니다. 그러나 기업 내의 반복적인 활동 중에서도 예를 들면 재무팀에서 '연내 해외 투자 10억 불 유치'와 같은 특정 목표를 위한 한

[그림 5-1. 프로젝트의 특성]

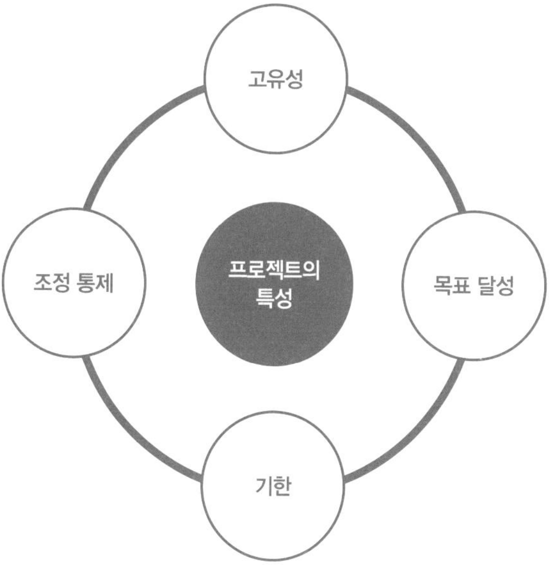

시적인 활동이라면 프로젝트로 볼 수 있어서 프로젝트와 운영의 구분
은 개념적이라고도 볼 수 있습니다.

PMI에서는 프로젝트 관리를 위한 단계로, 프로젝트 착수, 프로젝
트 계획, 프로젝트 실행, 프로젝트 감독 및 통제, 프로젝트 종결 등 5
단계로 구분합니다.

1. 프로젝트 착수 단계는 프로젝트를 높은 수준에서 개략적으로
   정의합니다. 이를 위해 프로젝트를 공식적으로 시작하기 위한
   프로젝트 헌장을 만드는데, 프로젝트 헌장에는 프로젝트 목표,
   PM(Project Manager) 선임, 범위, 예산, 일정 및 제약 요건 등을 포

함합니다. 프로젝트 헌장의 작성과 함께 이해관계자 목록도 작성합니다.

2. 프로젝트 계획 단계는 프로젝트 관리의 핵심으로 프로젝트의 목표를 달성하기 위한 로드맵을 구성합니다. 이 단계에서는 프로젝트팀을 구성하여 기술적 요건 및 범위, 세부 일정과 결과물, 예산 배정, 자원 조달, 목표 달성에 대한 KPI, 리스크 요인 및 대응책, 변경 관리, 의사소통 등에 대한 계획을 수립합니다. 이 단계가 중요하기 때문에 프로젝트 전체 일정 중 상당한 시간이 소모될 수 있습니다.

3. 프로젝트 실행 단계는 프로젝트팀이 계획에 따라 실제로 업무를 수행하는 단계입니다. PM은 효율적인 업무 절차를 수립하고 업무 할당에 따른 진행을 세심하게 관리할 뿐만 아니라, 팀원 간 또는 관련 부서와의 협업이 잘 이루어지게 하여야 하며, 필요한 지원도 해야 합니다.

4. 프로젝트 감독 및 통제 단계는 실제로 3단계 프로젝트 실행과 병행하여 이루어지는데, 제반 활동이 계획대로 진행되어 프로젝트 목표 및 산출물이 달성되도록 KPI를 통해 감독하고 통제합니다. 또한, 프로젝트가 예산 범위 내에서 이루어지도록 감독 및 통제합니다.

5. 프로젝트 종결 단계는 프로젝트 산출물을 고객에게 전달하고, 프로젝트 수행에 대한 상세 보고서를 작성합니다. 보고서에는 프로젝트 수행 중 성공과 실패 요인을 분석하고 정리하여 다음

[그림 5-2. PMI의 프로젝트 5단계]

착수 → 계획 → 실행 → 감독 및 통제 → 종결

프로젝트에 개선될 수 있도록 합니다. 그리고 프로젝트팀을 해산함으로써 프로젝트를 종결합니다.[155]

프로젝트 관리 단계를 5단계로 나누는 대신, 착수-계획-실행-종결이라는 4단계로 구분하기도 합니다. 5단계 과정에 있는 감독 및 통제 단계가 실제적으로는 실행 단계에서 병행되어 이루어지기 때문에 이를 실행 단계에 포함하는 것입니다. 단계 구분에 따른 활동 내용은 큰 차이가 없습니다. 착수단계에서는 타당성 조사, 범위 식별, 산출물 식별, 이해관계자 파악 등의 업무를 수행하고, 계획단계에서는 프로젝트 계획 작성, 예산 추정, 자원 수집, 리스크 예측, 킥오프 미팅 등을 수행합니다. 실행 단계에서는 업무 할당 및 업무 흐름도 작성, 팀원에게 과제 설명 및 교육, 의사소통, 업무 진행 감독, 예산 관리 등을 수행하며, 종결 단계에서는 최종 산출물 제공, 프로젝트 성공 여부 판단, 성과 분석, 문서화 등을 수행하여 마무리합니다.[156] 특히 프로젝트 수행을 통해 확보한 무형자산인 프로젝트 관리 노하우와 지식을 공유하

155 https://kissflow.com/project/five-phase-of-poject-management
156 https://www.lucichart.com/blog/the-4-phase-of-the-project-management-life-cycle

는 것은 경쟁력 향상에 매우 중요합니다.[157] 따라서 종결 단계에서는 경영진이 관심을 두고 확인하는 것이 필요합니다.

이 책에서는 실무적으로 프로젝트 수행 단계를 위에서 언급한 착수-계획-실행- 종결의 4단계로 구분합니다. 착수단계에서는 프로젝트 관리에 대한 개요와 함께 프로젝트에 가장 중요한 PM 선임과 PMO, 이해관계자 분석, 프로젝트 헌장 작성 등을 설명합니다.

---

157 Mathur, G, Jugdev, K. and Shing Fung, T. (2007), Intangiable project management assets as determinants of competitive advantage, Management Research News, 30(7)

02
성공을 위해 프로젝트를 어떻게 관리하는가?

　프로젝트 성공이라는 목표는 특정 프로젝트를 수주한 공급선이 고객과 합의한 품질 이상의 납품물을 계획한 예산 내에서 만들어 약속한 일정 내에 고객에게 전달함으로써 고객의 가치를 높이고 고객을 만족시키는 것입니다. 어느 고객이라도 요구도를 충족하지 못하는 납품물은 수락하지 않을 것이며, 계약가 대비 추가 비용 역시 수용하지 않을 것이며, 일정 지연 시에는 계약 조건에 따라 지체상금을 부과하거나 계약을 해지할 수도 있을 것입니다. 따라서 품질, 일정, 예산은 프로젝트 성공을 평가하는 가장 기본적인 지표가 됩니다.

　목표 달성을 위해 주어진 자원을 체계적으로 운영하는 것을 관리(management)로 정의하면, 프로젝트 목표 달성을 위해 한정된 일정 내에서 제한된 예산으로 제반 활동을 효율적으로 수행할 수 있도록 계획하고 구성하는 종합적이고 체계적인 노력을 프로젝트 관리라고 정의할 수 있습니다. PMI가 발행하는 프로젝트 관리의 총체적 지식에

[그림 5-3. 프로젝트 성공 요소]

대한 안내서인 PMBOK(Project Management Body of Knowledge)에서도 프로젝트 관리를 '프로젝트 요구사항을 만족시키기 위한 프로젝트 활동에 지식, 기술, 도구, 기법 등을 적용하는 것'[158]으로 정의하고 있습니다.

프로젝트 관리의 목적은 한마디로 요약하면 프로젝트 성공입니다. 체계적인 프로젝트 관리를 통해 품질 충족, 일정 및 예산 준수라는 프로젝트의 목표를 달성하면, 이에 따라 고객의 만족도가 향상되고 추가 프로젝트에 대한 기회를 확보할 가능성이 커집니다. 한 조사에서도 프로젝트 관리를 통하여 최종 제품의 품질이 44%가 개선되었고, 고객만족도도 38%가 증가하였다는 결과도 나타납니다.[159] 그러나 프로젝트 관리에 실패하면 품질 불량, 납기 지체 및 예산 초과의 결과가 나타나고, 이에 따라 고객이 불만족하면 향후 추가 프로젝트 기회에

158 PMP홀릭, 『PMP PRIDE』 제6판, 프리렉 출판, 2019년
159 https://workamajig.com/blog/project-management-statistics

대한 접근 가능성이 희박해질 뿐만 아니라, 그 공급선에 대한 평판이 떨어져 다른 고객의 신규 프로젝트에 대한 기회마저도 확보할 수 없게 됩니다.

프로젝트를 성공으로 이끌기 위한 기본적인 3가지 요소는, 첫째, 명확한 목표 설정입니다. 달성하고자 하는 목표를 구체적으로 수립하고 이러한 목표를 프로젝트 전체 참여자가 이해하고 공유하는 것이 필요합니다. 둘째, 실행을 위한 효율적 시스템과 절차의 수립입니다. 프로젝트의 목표 달성을 위해 자원을 조달하고 계획을 실행하고 통제하는 과정을 효율적으로 수행할 수 있는 시스템과 절차의 구축이 필요합니다. 셋째, 우수한 인적 자원의 확보입니다. 초기 단계에서 역량이 우수한 인력을 확보하여 프로젝트팀에 참가시키는 것이 프로젝트의 성공을 위해 매우 중요합니다.

프로젝트 성공에 영향을 미치는 요인을 조사한 해외 연구에서도, 프로젝트 목표의 명확성, 프로젝트 목표와 범위 간의 적합성, 프로젝트에 대한 기업의 전폭적인 지원, 프로젝트 초기에 잠재 리스크 식별

[표 5-1. 프로젝트 성공의 3요소]

프로젝트 성공의 3요소

1. 명확한 목표 설정
2. 실행을 위한 효율적 시스템과 절차의 수립
3. 우수한 인적 자원의 확보

과 관리, 효과적인 프로젝트팀 유지를 강조하였는데[160], 이는 위에서 언급한 프로젝트를 성공으로 이끄는 요소와도 맥을 같이 합니다. 국내에서 기업의 프로젝트 담당자들을 대상으로 한 조사에서는, 프로젝트의 성공을 위해서는 프로젝트 준비단계에서 최우선으로 프로젝트의 목표와 범위, 예상 소요 비용과 기간, 그리고 절차 등을 명확하게 정의하여야 한다고 강조하고 있습니다. 그리고 프로젝트에 충분한 자원을 제공하여야 하며, 역량 있는 고위 직급의 프로젝트팀 리더를 선정하는 것이 바람직하다고 제언합니다.[161]

프로젝트 성공 요인과는 반대로, 영국의 산업협회가 조사한 프로젝트 실패 요인으로는 불명확한 정의, 불충분한 계획, 불명확한 범위, 리더십이 부족한 PM, 적절하지 않은 팀 구성, 효과적이지 않은 통제, 의사소통 부족, 비현실적인 일정 등을 지적합니다.[162]

성공적인 프로젝트 관리를 통해 얻을 수 있는 이점으로는

첫째, 목표 달성을 위한 활동들을 식별하고, 각 활동이 계획된 일정에 예산 범위 내에서 수행되도록 감독함으로써 자원을 효율적으로 할당하고 지연을 방지할 수 있습니다.

둘째, 프로젝트에 참여하는 팀원들에게 각자의 역할과 책임을 명

160 Dooley, L., Lupton, G. and O'Sullivan, D. (2005), Multiple project management: a modern competitive neccessity, Journal of Manufacturing Technology Management, 16(5)
161 김기문, 박유진, 김기주 (2013), 프로젝트 준비단계에서 프로젝트 성과에 영향을 미치는 요인에 관한 연구, Journal of Information Technology Applications & Management, 20(4)
162 (2001), Management's role in project failure, Journal of Management Development, 20(10)

[표 5-2. 성공적인 프로젝트 관리의 이점]

성공적인 **프로젝트 관리**의 이점

1. 자원의 효율적 할당 및 지연 방지
2. 프로젝트팀원 간의 협업 가능
3. 목표달성에 집중
4. 자료 중심의 의사결정

확히 하고 이를 공유하여 협업을 가능하게 합니다.

셋째, 프로젝트 목표와 KPI를 명확하게 정의하여 팀원들이 목표 달성할 수 있게 합니다.

넷째, 목표 달성을 위한 활동, 자원, 진척도 점검 등에 대한 기록과 점검을 통해 문제점을 예측하고 대응책을 수립할 수 있으며, 보다 객관적이고 자료 중심의 의사결정을 내릴 수 있습니다. 또한, 이러한 기록을 통하여 타 프로젝트에도 유용하게 활용되어 성공의 가능성을 높이게 됩니다.

국내 연구에 따르면 프로젝트 관리 수준이 프로젝트의 성과와 비례하는데, 대기업과 비교하면 중소기업은 프로젝트 관리 수준이 아직 미흡한 것으로 나타납니다.[163] 대기업은 전문 프로젝트 관리자로 전담 프로젝트팀을 구성하고, 프로젝트 관리를 지원하는 제반 소프트웨어 등 경영 자원도 적극적으로 활용할 수 있는 환경임에 비해, 소기업

---

[163] 김승철, 윤우현 (2015), 기업의 프로젝트 관리능력과 프로젝트 성과의 상관관계 분석, 로고스 경영연구, 13(2)

이나 창업 벤처 등은 경영자가 회사를 운영하면서 프로젝트도 함께 관리할 수밖에 없는 환경입니다. 이에 따라 중소기업들은 미흡한 프로젝트 관리 수준과 함께 프로젝트 관리 도구 등에 대한 경제적인 부담까지 이중고를 겪고 있는 상황입니다.[164] 따라서, 중소기업에 대기업이 사용하는 수준의 프로젝트 관리 방법을 사용하라고 하는 것은 합리적이지 않습니다. 중소기업은 단순화한 프로젝트 관리 접근법을 사용하고, 프로젝트 목표 달성에 가장 중요한 요인을 중심으로 집중·관리하면 성공할 수 있습니다. 해외 조사에 따르면 중소기업에 가장 중요한 프로젝트 성공 요인은 품질기준의 충족이며, 경영진의 지원과 함께 전담 PM을 보유한 중소기업이 성공 가능성이 더 크다고 나타났습니다.[165]

중소기업 역시 프로젝트 관리를 통해 여러 이점을 얻을 수 있습니다.

첫째, 프로젝트 목표를 달성하지 못하면 고객으로부터의 지체상금 부과 등으로 중소기업의 경영에 심각한 영향을 줄 수 있는데, 프로젝트를 착수부터 종결할 때까지 잘 계획하고 효과적으로 관리하면 일정과 예산 내에서 목표를 달성할 가능성이 커집니다.

둘째, 자원이 한정적인 중소기업에서는 자원 배분을 잘못할 때 더 중요한 프로젝트가 우선순위에서 밀릴 수도 있는데, 중요한 프로젝트

---

164 김명옥 (2008), 프로젝트 지원도구에 관한 소고, 경영논총, 26(1)

165 Murphy, A. and Ledwith, A. (2007), Project management tools and techniques in high-technology SMEs, Management Research News, 30(2)

를 우선하여 적기에 수행하기 위한 자원 배분에 대해 효과적인 통제를 할 수 있습니다.

셋째, 중소기업은 리스크를 포함한 계획 수립에 충분한 시간을 할애하기가 어려워서 프로젝트 진행 중에 장애물을 만나면 종종 우왕좌왕하게 됩니다. 프로젝트 관리는 계획을 수립할 때 발생할 수도 있는 리스크에 대한 대응계획도 미리 수립하도록 하여 프로젝트 실패 가능성을 낮춥니다.

넷째, 한정적인 자원으로 여러 프로젝트를 진행하다 보면 종종 작업에 대한 책임이 모호해지는 때도 있는데, 프로젝트 관리는 누가 무엇을 책임지고 있는지에 대한 업무 할당과 책임 소재를 명확히 하여 계획된 작업을 적기에 수행할 수 있습니다.

다섯째, 프로젝트 관리에는 프로젝트에 대한 문서화 및 자료 축적에 대한 책임을 포함하기 때문에, 프로젝트 종결 후 성공 및 실패 요인을 평가하여 향후 프로젝트에서 성공을 높일 수 있는 교훈을 얻을 수 있습니다.[166]

중소기업은 이러한 이점을 인지하여, 중소기업에 적합한 실용적인 프로젝트 관리 방안을 찾아야 할 것입니다. 핵심은 프로젝트 성공 요인을 식별하여 전부를 관리하려고 하는 것보다는, 핵심 요인으로 여겨지는 부분에 집중하는 것이 훨씬 더 효과적입니다.[167] 더 적은 인력

---

166 https://www.fool.com/the-blueprint/project-management-for-small-busiess
167 Meister, W. (2006). Successful project management for small to medium enterprises (SMEs) Paper presented at PMI® Global Congress 2006–Asia Pacific, Bangkok, Thailand

으로 더 많은 작업을 수행하여야 하는 중소기업이 자원 낭비 없이 최대 성과를 얻기 위해서는 오히려 프로젝트 관리가 더 필요할 수 있습니다. 중소기업을 대상으로 한 해외 연구에서도 프로젝트 관리 도구와 기법의 사용이 경영성과에 긍정적인 영향을 주는 것으로 나타났습니다.[168] 프로젝트 범위 및 진행에 대해 명확한 기준 수립과 신속한 통제를 하여 더 짧은 일정에 예산 내에서 프로젝트를 성공적으로 수행함으로써 중소기업의 성과를 높일 수 있습니다.[169] 특히 재정적 자원이 제한적인 중소기업은 프로젝트 비용을 관리하는 것이 수익 창출에 매우 중요합니다. 중소기업 경영자는 프로젝트 관리 방법론을 통해 주요 비용 항목과 예상 비용, 구매 진행 등을 추적할 수 있으며, 이를 통해 프로젝트가 원하는 방향으로 진행되고 있는지를 점검할 수 있습니다.[170]

프로젝트와 프로젝트 관리에 대한 이해를 높이기 위해 이와 관련된 역사를 간략히 살펴봅시다. 프로젝트는 미국에서 1900년대 초 대량생산 체제와 관련하여 작업의 효율성을 높이기 위한 동작 연구 및 작업 순서 관리 등에 관한 연구에서부터 시작되었다고 볼 수 있습니다. 여러분도 잘 알고 있는 것처럼, 작업을 순서별로 나열하여, 시

---

168 Sane, S. (2020), Effect of using project management tools and techniques on SMEs performance in developing country context, International Journal of Managing Projects in Business, 13(3)

169 『Project Management in SMEs』, All Answers Ltd., 2018년

170 https://www.nutcache.com/blog/the-role-of-project-management-in-a-small-business/

작일과 종료일, 그리고 기간을 막대그래프 형태로 간략하게 설명하는 간트 챠트(Gantt Chart)가 바로 이 시기의 헨리 간트(Henry Gantt, 1861~1919)가 만든 것입니다.

근대적 프로젝트의 시작은 2차 세계대전 중 미국이 주도하고, 영국, 캐나다가 참여한 핵무기 개발 계획인 맨해튼 프로젝트(Manhattan Project)로 알려져 있습니다. 미국 전 지역 약 30곳에서 극비리에 진행된 이 프로젝트는 이론적으로만 검증된 원자폭탄을 짧은 기간에 처음으로 성공적으로 개발하여 일본의 항복을 받아내는 데 결정적인 역할을 하였습니다. 1962년 이 프로젝트에 관한 책이 출판되면서 프로젝트의 성공적인 수행을 위한 목표, 작업 구분 및 할당, 리더십, 관리와 지원 등의 프로젝트 관리체계가 알려졌고, 이가 아직도 실용적이라고 인정받습니다.[171]

맨해튼 프로젝트 이후에는 미국과 소련 간의 군비경쟁에서 1958년 미국 해군이 폴라리스 잠수함용 미사일을 개발하면서 규모가 크고 복잡한 프로젝트에 대해 일정과 순서를 계획적으로 관리하는 PERT(Program Evaluation and Review Technique) 기법이 사용되고, 1961년부터 1972년까지 미국항공우주국(NASA)이 수행한 불확실성이 많은 일련의 유인 우주 비행 탐사 계획을 수행하기 위해 정확한 비용 및 리스크 예측에 바탕을 두어 합리적인 계획을 수립한 아폴로 프로젝트

---

[171] https://ichi.pro/ko/maenhaeteun-peulojegteuui-peulojegteu-gwanli-gyohun-201372076866400

(Project Apollo)[172] 등 대규모 프로젝트를 통해서 점차 프로젝트라는 개념이 일반화되고 동시에 관리방식이 체계화되었습니다.

이렇게 프로젝트와 프로젝트 관리와 관련된 역사를 간략히 살펴보니, 우리가 그간 흔히 들었던 간트 챠트, PERT(/CPM) 등의 용어가 언급됩니다. 이는 지금도 기본적인 프로젝트 관리 도구로 유용하게 사용됩니다. 간트 챠트는 프로젝트 일정 관리를 위하여 사용되는 것으로, 업무별 일정의 시작과 종료 기간을 막대 형태로 표시하여 전체 일정을 한눈에 볼 수 있게 하며, 업무 간의 관계도 보여줍니다. PERT는 목표를 달성하기 위해 구분한 각 활동과 단계를 네트워크로 연결하여 프로젝트가 얼마나 진행되었는지를 분석하여 역시 프로젝트 일정

[그림 5-4. 미국 NASA의 아폴로 프로젝트 성과[173]

---

172 서윤경, 유일상 (2006), NASA의 비용추정기법 적용현황, 한국시스템엔지니어링협회, 시스템엔지니어링워크숍7

173 https://www.pbs.org/wgbh/americanexperience/features/chasing-moon-project-apollo/

관리에 도움을 줍니다. 특히 프로젝트를 달성하는데 가장 긴 예상 시간이 필요한 공정에 대한 시간을 계산할 수 있는데, 이를 임계경로법 (CPM; Critical Path Method)이라고 합니다. 이를 통해 프로젝트를 완료하는 데 필요한 최소시간이 어느 정도인지 알 수 있습니다. 그리고 간트 챠트, PERT/CPM 등을 활용하기 위해서는 프로젝트의 산출물에 대한 구체적이고 계층적이며 관리할 수 있는 활동으로 나누는 것이 필요한 데 이를 작업분류체계(WBS; Work Breakdown Structure)라고 합니다. 우리는 프로젝트 계획단계에서 이러한 용어들을 더욱 구체적으로 살펴볼 것입니다.

03

누가 프로젝트를
선도하는가?

프로젝트의 특징이나 규모 등에 상관없이 어떠한 프로젝트라도 착수부터 종결에 이르기까지 프로젝트 전체를 관리할 담당자가 선정되어야 합니다. 이러한 역할을 담당하는 사람을 프로젝트 관리자(PM; Project Manager)라고 부릅니다. PMI에서도 PM을 '프로젝트 목표를 달성하기 위한 책임을 지고 팀을 선도하고자 수행조직에서 선임하는 책임자'라고 정의하고 있습니다. PM이란 주어진 예산 및 자원과 일정 내에서 프로젝트의 목표를 성공적으로 그리고 효과적으로 달성하기 위한 활동을 계획하고 실행하는 데 있어서 총체적인 책임을 지는 전문가로 정의할 수 있습니다.[174] 이를 위해 PM은 프로젝트팀을 구성하고 이끌며, 이해관계자와 의사소통하는 역할도 담당하여야 합니다.

프로젝트에 대한 총체적인 책임을 지는 PM은 해당 프로젝트의 목

---

174 Smmerville, J. Craig, N. and Hendry, J. (2010), The role of project manager: all things to all people?, Structural Survey, 28(2)

표와 관련한 제품 및 서비스에 대한 기술적인 지식과 함께 프로젝트 관리에 대한 지식을 갖추어야 합니다.[175] PM은 프로젝트에 대한 종합적인 이해를 바탕으로, 목표 달성을 위한 프로젝트팀을 구성하고, 계획을 수립하고, 팀원들에게 동기를 부여하고 업무 수행을 지원하고 진행을 감독하며, 이해관계자들과의 의사소통을 통하여 상충하는 갈등을 조정하고, 궁극적으로는 프로젝트 목표 달성을 위해 제반 노력을 통합하는 리더의 역할도 수행하여야 합니다. 또한, 프로젝트팀원에게 프로젝트 관리 교육을 강화함으로써 프로젝트 관리 성숙도를 높여 기업의 경쟁력으로 축적되도록 하여야 합니다.[176]

PMBOK에서는 PM을 오케스트라의 지휘자로 비유합니다. 다양한 악기를 연주하는 연주자들을 지휘하여 청중에게 조화로운 아름다운 음악을 들려주듯이, PM 역시 다양한 임무를 수행하는 팀원을 동기 부여하여 팀이 목표를 성공적으로 완수할 수 있도록 합니다. 지휘자가 오케스트라의 모든 악기를 직접 연주하지는 않더라도 각 악기에 대한 지식과 이를 종합하는 음악적 지식이 필요하듯이, PM 역시 자신이 프로젝트의 모든 활동을 직접 수행하지는 않더라도 각 업무에 대한 지식과 이를 관리하는 역량을 갖추어야 합니다. PMI는 프로젝트 관리에 필요한 지식 영역을 다음과 같이 10개 분야를 정의합니다.[177]

---

175 박인서, 김성철 (2015), 국가연구개발사업의 프로젝트 관리방법 적용에 관한 사례연구, 경영교육연구, 30(3)

176 김승철, 윤우현 (2015), 기업의 프로젝트 관리능력과 프로젝트 성과의 상관관계 분석, 로고스 경영연구, 13(2)

177 김승철 · 이재승 공저, 『글로벌 스탠다드 프로젝트 경영』, 한경사, 2판, 2014년

[표 5-3. 프로젝트 관리에 필요한 지식 영역 10개 분야]

분야	내용
1. 통합관리	프로젝트의 다양한 요소들이 적절히 균형을 이루며 진행되도록 관리하는 것
2. 범위관리	프로젝트 목표를 달성하고 산출물을 생성하는 데 필요한 모든 작업의 식별 및 작업 중 꼭 필요한 작업만 포함되도록 관리하는 것
3. 일정관리	프로젝트가 계획된 일정에 따라 적절하게 진행될 수 있도록 관리하는 것으로, 자원의 가용성을 고려하여 현실적이고 적절한 일정계획을 수립하는 것이 중요
4. 비용관리	프로젝트가 승인된 예산 내에서 완성될 수 있도록 관리하는 것으로, 예산 수립과 집행에 관한 내용
5. 품질관리	프로젝트가 목표로 하는 요구도를 충족시키도록 관리하는 것으로, 품질기준과 목표, 책임을 결정하고 ISO 기준 또는 6시그마 품질관리 기법과 같이 적절한 품질시스템을 적용하는 것
6. 인적자원 관리	프로젝트에 인력을 효율적으로 활용하는 것으로, 프로젝트 조직 구조와 같은 시스템적 요소뿐만 아니라 프로젝트 리더십, 팀 개발, 팀원 관리 등의 개인적인 요소도 포함
7. 의사소통 관리	프로젝트 정보의 생성, 수집, 배포 등의 임무를 수행하면서 프로젝트가 진행됨에 따라 보고서를 작성하여 고객을 포함한 이해관계자들에게 상황을 공유하고 잠재적인 문제점을 파악하여 미리 대처할 수 있도록 해주며 프로젝트가 원활히 진행될 수 있도록 관리하는 것
8. 리스크관리	프로젝트와 관련된 리스크 요인을 식별하고 분석하여 대응책을 마련하도록 관리하는 것
9. 조달관리	프로젝트의 수행을 위해 필요한 자재와 서비스를 외부로부터 획득하는 것으로, 공급자의 선정, 계약 관리 등을 포함
10. 이해관계자 관리	프로젝트에 영향을 주거나 받을 수 있는 개인, 그룹, 조직들을 파악하여, 프로젝트에 관한 이해관계자들의 기대사항이나 영향력 정도를 분석하고, 이해관계자들을 프로젝트의 의사결정이나 수행과정에 효과적으로 참여시킬 수 있도록 적절한 관리 방안을 마련하는 것

PMI에서는 PM이 갖추어야 할 역량으로 기술적 프로젝트 관리, 리더십, 전략 및 비즈니스 관리가 균형을 맞추어야 한다고 강조합니다. 조사에서도 PM의 이 세 가지 역량의 중요도는 각각 81%, 79%, 70%의 순으로 나타났습니다.

- 기술적 프로젝트 관리 역량은 프로젝트 관리 기법을 효과적으로 적용하여 원하는 성과를 달성하는 능력입니다. 프로젝트는 다양한 경험과 서로 다른 역량을 가진 팀원들이 투입되어 공통된 목표를 달성해 나가는 업무의 연속이기 때문에 PM은 각 팀원이 지닌 역량을 통합하는 것이 가장 중요합니다. PM은 제반 관리 기법 및 도구를 충분히 숙지하고 있어야 하며, 일정, 비용, 자원 및 리스크 등을 포함한 다양한 요소를 관리하여야 합니다. 아울러 프로젝트 계획 수립과 우선순위 선정에도 관심을 두어야 합니다.

- 리더십 역량은 프로젝트 목표 달성을 위해 팀원의 노력을 집중시키고, 팀원들에게 동기를 부여하며, 지시하며 지원하고 의사소통할 수 있는 능력을 포함합니다. 모든 프로젝트의 수행은 결국 사람이 하므로, 인간관계에 관한 기술이 필수적입니다. PM이 팀원들을 이끌어 원하는 목표를 달성하기 위해서는 각 개인의 동기와 행동도 연구하여야 합니다. 이러한 상황에서 PM은 통찰력을 갖고 비전을 제시하며, 긍정적인 태도와 협력적인 태도를 보여주며, 의사소통을 통해 갈등을 관리하고, 이해관계자들과 우호적인 관계를 유지하고 영향력을 발휘하는 리더의 자질을 갖추어야 합니다.

- 전략 및 비즈니스 관리 역량은 프로젝트를 상위 수준의 경영 목표와 전략적으로 연계하고 실행하는 능력입니다. 프로젝트와 조직 간의 상호 관계를 이해하면서 이 관계가 프로젝트에 어떠한 영향을 미칠지를 파악하고, 프로젝트의 효과를 다양한 이해관계

[그림 5-5. PM의 3가지 역량]

자들에게 설명하고 프로젝트의 가치를 최대화하는 방향으로 전략을 구현하며, 이를 일관되게 유지하면서 변화하는 환경에 대응하여야 합니다.[178]

하버드 비즈니스 리뷰에서는 급변하는 경영 환경에서 프로젝트 기반의 업무 비중이 증가하며, 프로젝트 중심의 업무 환경에서 리더로서 PM의 중요한 자질 6가지를 언급합니다.

1. 프로젝트 관리 기술입니다. PM은 도구와 기법을 사용하여 프로젝트 수행 및 관리방식을 결정할 수 있어야 합니다. 범위를 규정하기 위해 이해관계자들과 협력하는 일에 능숙하여야 하며, 리스크를 식별하고 효과적으로 관리할 줄 알아야 합니다. 프로젝트가 시작되면 진척과 성과를 감독하기 위한 보고 체계를 구축하여야 하며, 계획 대비 차질이나 변경이 예상되면 그에 따른 영향을 예측하고 실행할 수 있는 대안을 마련할 수 있어야 합니다.

---

178 PMP홀릭 저, 『PMP PRIDE』 제6판, 프리렉, 2019년

2. 관련 전문지식입니다. PM은 프로젝트가 목표로 하는 기술, 기능, 제품, 서비스 및 역량에 대한 적합한 지식을 보유하여야 합니다. 이는 팀과 이해관계자들에게 신뢰를 주고 그들의 관점에서 그들의 언어로 소통할 수 있게 합니다. 프로젝트 성과가 무엇인지, 그런 성과가 언제 어떻게 달성될지 이해할 수 있으며, 또한 프로젝트가 조직의 전체 전략과 어떻게 연계되는지 이해하는 데에도 도움이 됩니다.

3. 전략과 비즈니스 통찰력입니다. PM은 조직과 전략, 주요 경쟁자를 잘 이해하여야 하며, 또한 프로젝트가 진행되는 환경에 대해서도 잘 알아야 합니다. 프로젝트의 효과와 목적을 사업 우선순위와 연계할 수 있는 능력은 이해관계자들의 동의를 얻고 목표를 달성하는 데 필요합니다.

4. 리더십과 변화관리 기술입니다. 오늘날 PM에게는 강력한 리더십과 변화관리 능력이 필요합니다. 높은 성과를 내는 팀을 만들고, 방향을 제시하고, 다양한 문화를 조율하고 설득하며, 조직 전체와 관계를 연결하고, 분명하고 효과적으로 의사소통하고, 팀원을 평가, 개발, 코칭하고, 모든 팀원이 수용할 수 있는 방식으로 의견을 하나로 모아야 합니다.

5. 민첩성과 적응력입니다. PM은 불확실한 상황에서 일하는 데 익숙해야 합니다. 제한된 정보만으로 계획을 세우고 결정을 내릴 수 있어야 합니다. 그렇게 하기 위해서는 유연한 방법이나 기술을 적용할 준비가 되어있어야 합니다.

[표 5-4. PM의 중요한 자질 6가지]

PM의 중요한 자질 6가지

1. 프로젝트 관리 기술
2. 관련 전문지식
3. 전략과 비즈니스 통찰력
4. 리더십과 변화관리 기술
5. 민첩성과 적응력
6. 윤리와 가치

6. 윤리와 가치입니다. PM은 프로젝트팀이 상호 존중하여 신뢰를 쌓고 서로 비난하지 않고 솔직하게 소통할 수 있는 안전한 환경을 조성하여야 합니다. 프로젝트의 착수단계에서 자신과 프로젝트팀을 위한 윤리 강령을 만드는 것을 고려하는 것이 좋습니다.[179]

국내에서 프로젝트를 수행하는 연구원들을 대상으로 조사한 결과, PM의 리더십 역량이 연구원들의 개인 역량을 최대로 발휘할 수 있게 하여 프로젝트 성과에 긍정적인 영향을 미치는 것으로 나타났습니다.[180] 해외 연구에서도 대형 건설 프로젝트에서 PM의 효과적인 리더십 기술, 효과적인 의사소통 능력 및 프로젝트팀 구성 능력이 프

---

179 『하버드 비즈니스 리뷰』, 2021. 11–12월호
180 이설빈, 부제만, 김승철 (2016). 프로젝트 관리자의 리더십이 참여자 개인 역량과 프로젝트 성과에 미치는 영향에 관한 연구, 벤처창업연구, 11(5)

로젝트 성과에 긍정적인 영향을 미치는 것으로 나타났습니다.[181] 이는 프로젝트가 PM 혼자만의 역량보다는 팀원들과 서로 협력하여 진행되기 때문에, PM의 혁신적인 사고와 함께 팀원들의 창의적 사고를 끌어내는 적극적인 의사소통 역량이 프로젝트 성과에 직결되는 것입니다.[182] 이에 따라 해외 연구에서는 프로젝트에서 높은 성과를 얻기 위해서는 경험이 풍부한 선배이며 고학력자를 PM으로 선정할 것을 제언하고 있습니다.[183] SI 업체를 대상으로 한 국내 연구에서도 해당 프로젝트 분야에 경험이 많은 리더를 PM으로 선정하고, 이 PM이 역량을 발휘할 수 있도록 책임과 권한을 위임하는 것이 필요하다고 제시합니다.[184]

이처럼 프로젝트 성공을 위해서는 역량을 갖춘 PM을 선정하고 배치하는 것이 가장 중요합니다. 이에 덧붙여 고객과 수주 프로젝트에 대한 이해와 함께 고객을 포함한 이해관계자와의 관계를 고려 시, 실무적으로는 해당 프로젝트를 수주하는 마케팅 활동이 어느 단계에 이르면 향후 PM 역할을 담당할 요원이 함께 참여하는 것이 바람직합니다. 최소한 고객의 업체 선정 후 협상 및 계약 단계에서는 반드시 PM

181 Moyo, T. and Chigara, B (2021), Expected competencies of construction project manager in Zimbabwe, Journal of Engineering Design and Technology

182 이설빈 (2017), 프로젝트 담당자의 창의적 사고, 기업가 정신, 프로젝트 성과 간의 구조적 관계 분석, 벤처창업연구, 12(1)

183 Hashim, M.Z., Chao, L. and Wang, C. (2021), The role of project manager's attributes in project sustainability management and project performance under China-Pakistan economic corridor, Chinese Management Studies

184 홍순구, 최일용, 박순형 (2009), 참여관점과 시스템 종류에 따른 IS프로젝트 평가요인에 관한 실증연구, 대한경영학회 학술발표대회 발표논문집, 651-676

이 선정되어 함께 참여하여야 합니다. 앞에서도 언급하였듯이, 일부 기업에서는 고객과의 관계를 고려하여 해당 프로젝트를 수주한 마케터가 PM 또는 프로젝트팀원으로 참여하여 고객과의 관계를 관리하는 역할을 담당하기도 합니다.

프로젝트는 일반적으로 조직이 선정한 PM이 선도합니다. 프로젝트의 규모나 범위에 따라 다를 수도 있겠지만, 일반적으로는 PM이 주도하여 프로젝트팀을 구성합니다. 프로젝트팀 구성의 초안은 프로젝트 수주를 위해 고객에게 제출한 제안서에서 관리 조직으로 표현되어 있지만, 실제적인 프로젝트팀은 고객과의 계약 후 프로젝트 범위에 따라 구성되어야 합니다. 착수단계에서 프로젝트팀원 구성은 기본적으로 기술, 품질, 생산, 구매, 원가 등 각 기능 영역별로 전문가를 확보하여 이들과 함께 프로젝트 목표 달성을 위한 세부 계획을 수립한 후 각 역할과 책임에 따라 필요한 인력을 식별하여 팀원 구성을 완료합니다. 프로젝트에서의 역할과 책임에 따라 프로젝트에 일시적으로 참여하거나 관련 부서에서 지원할 수도 있습니다. 프로젝트팀원에게는 프로젝트 실행 전에 모든 역할과 책임이 명확히 부여되어야 프로젝트 실행 후 혼란이 줄어들고 갈등도 피할 수 있습니다. 프로젝트팀원들은 기본적으로 열린 자세로 의사소통하며 동일한 목표 의식을 갖고 협동하여 업무를 수행할 수 있는 자질을 갖추어야 하며, 프로젝트 관리에 대한 기본적인 지식을 갖추고 있어야 합니다. 또한, 향후 타 프로젝트 확보 및 수행을 위해서라도 경험이나 경력이 적은 사원들도 참여시켜 프로젝트 수행을 배우게 하는 것도 기업의 미래를 위한 투자가 될 수 있습니다.

PM은 비유적으로 상선의 선장과 같다고 볼 수 있습니다. 선장은 선박에 실린 고객의 화물을 출발항에서 도착항까지 안전하게 운송하기 위해 선박 내의 제반 활동을 지휘·감독·조정하는 사람입니다. 선장은 출항 전에는 도착항까지의 거리, 기후 등을 확인하고 항해 계획을 수립하며, 화물의 적재 상태, 식료품, 연료 등과 함께 선박의 기관실, 통신실, 조정실 등을 점검하고 해당 직무에 배치된 승무원을 확인

[그림 5–6. 목적항으로 항해하는 상선[185]]

---

185 https://biz.newdaily.co.kr/site/data/html/2019/11/21/2019112100103.html

합니다. 항해 중에는 해도, 나침반, 레이더 및 기타 항해 보조기기를 사용하여 선박의 속도를 조절하고 항로를 지시하고 조정하며, 선박의 운항상태를 점검하고 항해 중에 발생한 상황을 항해일지에 기록하고 진행을 선사에 보고합니다. 또한, 항해 중에 위험이 발생할 때 해상 보안 기관에 통보하고 긴급구조신호를 보냅니다. 도착항에 도착하면 화물의 상태를 최종 점검하고 이를 하역하여 고객에게 전달합니다. 이처럼 PM과 선장은 목표 달성을 위해 계획을 수립하고 이를 이행하고 관리하는 총책임자입니다.

하나의 프로젝트가 아닌 대규모의 장기 프로젝트 여러 개를 병행하여 수행하는 기업에서는 하나의 프로젝트팀이 모든 프로젝트의 범위, 일정, 비용, 리스크, 품질, 조달과 계약, 인력 등을 관리하는 것은 한계가 있을 수밖에 없습니다. 이에 따라 프로젝트에 대한 별도의 관리 조직, 즉 프로젝트 관리실(PMO; Project Management Office)을 두어 기업의 경영 목표에 맞추어 여러 프로젝트 간의 우선순위를 정하고 자원을 배분하고 각 프로젝트의 진행을 관리하고 통제하는 PM의 업무를 지원하거나 특정 업무에 대해서는 직접 관리하게 합니다. PMBOK에서는 PMO를 프로젝트 관련 절차를 표준화하고 자원, 방법론, 도구 및 기법의 공유를 촉진하는 조직 구조로, PMO의 책임은 프로젝트 관리 지원 기능에서 하나 또는 그 이상의 프로젝트를 직접 관리하는 것에 이르기까지 다양하다고 정의하고 있습니다.

다양한 형태의 PMO가 수행하는 기능을 조사하여 정리한 Hill에 따르면, PMO의 기능을 크게 5가지로 분류합니다.

1. 방법론 관리로, 프로젝트 관리 방법, 도구, 기준과 평가 지표, 지식 관리 등을 수행합니다.

2. 인프라 관리로, 프로젝트 관리체계, 평가 체계, 조직 구조와 팀 구성, 시설과 장비 지원 등을 수행합니다.

3. 자원 통합으로, 자원 관리, 교육과 훈련, 경력 개발, 팀 개발 등을 수행합니다.

4. 기술 지원으로, 멘토링, 계획 수립 지원, 프로젝트 감독, 복구 등을 수행합니다.

5. 프로젝트 일관성으로, 프로젝트 포트폴리오 관리, 고객 관계 관리, 공급자 관계 관리, 프로젝트 성과 관리 등을 수행합니다.[186]

국내에서 PMO가 있는 조직을 대상으로 한 연구에서도 PMO의 기능 모두가 프로젝트 성과에 긍정적인 영향을 미치는 것으로 확인이 되었습니다.[187,188] 해외 연구에서도 PMO를 활용하는 것이 프로젝트 수행 및 프로젝트 성과를 향상하는 결과를 가져오는 것으로 나타났습니다.[189] 또한, 기업의 전략과 프로젝트 간의 우선순위를 일치시키면서 시장 환경의 변화에 따라 프로젝트팀 조직을 조정하는 PMO가 그

186 김승철 · 이재승 공저, 『글로벌 스탠다드 프로젝트 경영』 2판, 한경사, 2014년

187 김승기, 김승철, 조원일 (2018), PMO 기능이 프로젝트 성과에 미치는 영향에 관한 연구. 경영교육연구, 33(3)

188 이성몽, 김은홍, 문송철 (2013), PMO 서비스와 PMO 역량이 프로젝트 성과에 미치는 영향. Journal of Information Technology Applications & Management, 20(1)

189 Darling, E.J. and Whitty, S.J. (2016), The Prohect Management Office: it's just not what it used to be, International Journal of Managing Prpject in Business, 9(2)

렇지 않은 PMO보다 경영성과 면에서도 더 우수한 것으로 나타났습니다.[190]

유럽 국가의 330개 업체를 대상으로 PMO의 활동 영역을 조사한 The Project Group의 PMO Study 2020 자료에 따르면, 응답자들은 '프로젝트 방법론, 절차 및 도구의 표준화'(24%) 및 '프로젝트 이행'(23%)이 가장 큰 활동이며, 이어서 '전략적 지원'(14%), '다중 프로젝트 관리'(13%), '훈련, 교육 및 코칭'(11%), '자원 관리'(8%) 및 '기타'(7%) 순으로 나타났습니다. 세부적으로는

- '프로젝트 방법론, 절차 및 도구의 표준화'에서는 프로젝트의 목표를 달성하기 위해 가장 적합한 방법론을 선택하고, 절차를 정의하며, 프로젝트 관리 지침서를 작성하고, 프로젝트 관리 도구를 선택하고 활용하는 것입니다.
- '프로젝트 이행'에서는 프로젝트 운영을 위해 관련 회의를 조정하고, PM과 팀원을 배정하며, 필요할 때는 임시적인 지원을 제공하는 것입니다.
- '전략적 지원'에서는 경영진의 지원을 확보하고, 프로젝트에 대한 우선순위를 수립하고, 전략적 정보를 공유하고, 프로젝트를 기업 전략과 일치시키고, 프로젝트에 대한 비용-편익을 분석하

---

190 Alsudiri, T., Al-Karaghouli, W. and Eldabi,. T. (2013), Alignment of large project management process to business strategy: A review and conceptual framework, Journal of Enterprise Information Management, 26(5)

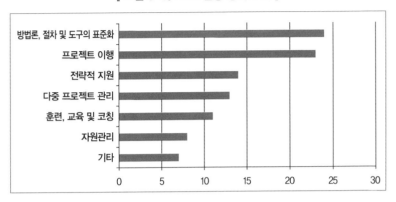

[그림 5-5. PMO 활동 영역 조사]

고, 달성한 전략적 기여를 평가하는 것입니다.

- '다중 프로젝트 관리'에서는 여러 프로젝트에 대한 보고서를 준비하며, 포트폴리오 회의를 준비하고 실행하며, 프로젝트 간 목표, 자원 및 마감을 관리하며, 편차를 확인하고 대책을 마련하며, 정보 흐름을 통제하며, 재무와 회계를 교환하기도 합니다.
- '훈련, 교육 및 코칭'에서는 일상적인 프로젝트 작업에서 팀원들을 코칭하고, PM 및 팀원들을 훈련하며, 지식 공유를 위한 회의를 하고, 경력 개발에 관심을 둡니다.[191]

이러한 조사 결과를 통하여 우리는 PMO의 주요 활동 영역 및 세부적인 활동에 대해 이해를 넓힐 수 있습니다.

이러한 역할을 하는 PMO는 이제 많은 기업에서 구성하고 있습니다. 2000년에는 단지 47%의 조직만이 PMO를 가지고 있다고 응답

---

191 https://www.theprojectgroup.com/blog/en/pmo-functions/

하였지만, 2020년에는 89%가 PMO를 가지고 있다고 응답하였습니다. 특히 매출액이 10억 불 이상인 기업에서는 PMO를 보유한 비율이 95%까지 올라갑니다. PMO의 85%에서는 PMO를 총괄하는 PMO 임원(PMO Director)이 있으며, PMO 팀원들은 평균 10년 이상의 경력을 보유한 전문가 9명으로 구성되어 있으며, 전문 자격인 PMP(Project Management Professional)를 보유한 비율도 45%가 됩니다. PMO는 종종 불필요한 조직으로 여겨지기도 하지만, PMO는 예산 범위 내에서 프로젝트를 수행하고, 고객만족도를 향상하며, 생산성을 높이고, 조직의 목표에 프로젝트를 맞추며, 프로젝트의 실패를 줄여줍니다.[192]

---

192 https://www.wrike.com/blog/what-is-a-pmo-infographic/

04

누가 프로젝트 관계자이고
어떻게 관리하는가?

이해관계자(利害關係者, stakeholder)는 흔히 기업이나 행정 등과 관련하여 직·간접적으로 이해관계를 가지는 사람을 가리킵니다. 예를 들어 기업에 대하여 이해관계를 갖는 개인 또는 그룹을 말하며 주주나 채권자 외에도 노동자, 소비자, 공급선 등도 기업의 이해관계자로 봅니다. 이를 프로젝트와 연계하면, 프로젝트 이해관계자란 직·간접적으로 프로젝트에 관련되어 있으면서, 프로젝트 수행과 결과에 긍정적 또는 부정적 영향을 줄 수 있고, 궁극적으로는 프로젝트의 성공에 이해관계를 가지는 모든 개인 혹은 조직이라고 할 수 있습니다. 프로젝트 이해관계자들은 서로 다른 기대와 요구를 하고 있으며, 그 숫자는 프로젝트의 규모에 따라 달라질 수 있습니다. 소규모 프로젝트에서는 이해관계자가 적을 수 있지만, 댐 건설과 같은 대규모 프로젝트에서는 이해관계자에 지역 사회나 일반 대중도 포함될 수 있습니다. 또한, 프로젝트 이해관계자는 프로젝트 진행 단계에 따라 특정 이해관계자의 영향력이 변화될 수도 있습니다.

프로젝트 수행에 대한 총체적인 책임을 지는 PM의 입장에서, 프로젝트들의 공통적인 이해관계자로는 경영진, 프로젝트팀, 후원자, 고객과 정부 기관 등이 있습니다. 프로젝트 이해관계자를 내부와 외부로 구분하여 이들의 역할과 책임을 정리하면 다음의 표와 같습니다.

이러한 이해관계자가 프로젝트의 수행과 성공에 영향을 미치기 때문에, PM은 일반적으로 프로젝트 초기 단계에 이해관계자를 분석할 필요성이 있습니다. 이해관계자 분석은 우선 누가 이해관계자인지를 식별합니다. 식별을 위해서는 내부 및 외부 이해관계자 목록을 작성합니다. 다음에는 식별된 이해관계자들의 관심 사항과 영향력을 파악합니다. 영향력 파악을 위해서는 일반적으로 '권력'과 '관심도'를 기

[표 5-5. 프로젝트 이해관계자의 구분, 역할과 책임 예]

이해관계자		역할과 책임
내부	프로젝트팀	- 프로젝트를 실질적으로 수행하는 사람 혹은 조직임.
	경영진	- 프로젝트를 수행하는 조직의 경영진으로, - 프로젝트 수행과 관련된 결정권을 가지고 있음. (예: 프로젝트 선정, 프로젝트 관리자 임명, 프로젝트 헌장 발행, 프로젝트 종결 승인 등)
	기능부서 관리자	- 프로젝트팀원이 속한 부서의 관리자로, - 프로젝트 관리자와 함께 프로젝트팀원에 대한 권한을 가지고 있음.
	후원자	- 프로젝트에 자금을 투자하는 사람 혹은 조직으로, - 프로젝트의 성공에 궁극적인 책임을 지고 있음. 경영진일 수도 있음.
외부	고객	- 결과물을 사용할 개인 또는 조직으로, - 고객 만족이 프로젝트의 성공을 판단하는 궁극적인 기준임.
	공급선	- 프로젝트 수행에 필요한 원부자재, 부품 및 서비스를 공급하는 업체임.
	정부 기관	- 프로젝트 관련 지원 또는 규제를 함.
	언론매체	- 프로젝트에 대한 긍정적 또는 부정적 여론 관계를 조성함.

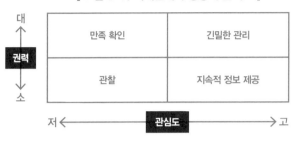

[그림 5-7. 이해관계자 영향력 분석표]

만족 확인	긴밀한 관리
관찰	지속적 정보 제공

권력 대 ↑ ↓ 소

저 ← 관심도 → 고

준으로 2X2 매트릭스를 구성합니다. 이렇게 하여 이해관계자들의 영향력 정도를 파악하였다면, 다음에는 이들의 기대와 요구에 대하여 어떻게 의사소통하고 관리할지를 결정하고 실행합니다.

이해관계자 영향력 분석표를 활용하여 분석한 이해관계자의 관리 방법을 살펴봅시다.

- 권력이 크고 관심도가 높은 이해관계자는 경영진으로 프로젝트 승인자나 후원자일 가능성이 큽니다. 외부 이해관계자라면 고객일 수 있습니다. PM은 이러한 이해관계자와는 주기적으로 지원을 확보하기 위한 정보를 제공하면서 이들의 기대치와 일치하는지 확인하여야 합니다. 프로젝트가 진행되는 동안에는 이러한 이해관계자와 적극적으로 협력하여 이들이 옹호자의 역할을 할 수 있도록 긴밀히 관리하여야 합니다. 성공적으로 수행된 프로젝트의 62%에는 적극적인 지원을 하는 후원자가 있었습니다.[193] 후원자와 PM 및 고객 간의 긴밀한 관계 역시 프로젝트의 성공을

193 https://www.workamajig.com/blog/project-management-statistics

높이는 결과로 나타납니다.[194] 특히 전략적 불확실성이 높은 프로젝트에 대해 경영진이 관심을 두고 후원자를 지명하여 프로젝트에 힘을 실어주면 전반적인 프로젝트 성과를 향상할 수 있습니다.[195]

- 권력은 크지만, 관심도는 낮은 이해관계자는 현재에는 프로젝트에 큰 관심이 없을 것입니다. 그러나 프로젝트 진행에 따라 이들의 관심이 높아져 영향력을 행사하여 프로젝트를 중단시키거나 지원할 수도 있습니다. 이들은 관련 부서장이나 관련 부문의 경영진일 수도 있습니다. PM은 이러한 이해관계자가 프로젝트의 기본 사항을 알고 있는지 확인하고, 관심이 적더라도 이러한 이해관계자가 프로젝트에 영향을 줄 수도 있다는 점을 기억하여 이들이 프로젝트에 부정적인 영향을 미치지 않도록 하여야 합니다. 프로젝트가 진행되는 동안 이러한 이해관계자에게는 개략적인 정보를 제공하며 프로젝트 진행에 만족하는지 확인하여야 합니다.

- 권력은 작지만, 관심도가 높은 이해관계자에게는 프로젝트 세부 사항에 대한 승인을 받을 필요가 없겠지만, 이러한 이해관계자와도 정보를 공유하는 것이 중요합니다. 프로젝트가 진행되는

194 Kloppenborg, T.J. Tesch, D. and Manolis, C. (2011), Investigation of sponsor's role in project planning, Management Research Review, 34(4)

195 Liu, L. (2009), How does strategic uncertainty and project sponsorship relate to project performance? A study of Australian project managers, Management Research News, 32(3)

동안에는 이러한 이해관계자에게 계속 정보를 제공하며 참여를 유도하여 동맹적인 관계를 유지하는 것이 좋습니다.

- 권력이 작고 관심도도 낮은 이해관계자는 중요도가 상대적으로 낮으므로 프로젝트의 규모와 복잡성에 따라 프로젝트 진행 상황을 때때로 공유해도 되고 프로젝트가 끝날 때까지 공유하지 않아도 됩니다. 그러나 이러한 이해관계자도 계속해서 관찰합니다.

중요한 것은 이렇게 구분한 이해관계자가 항상 고정적인 것이 아니라 프로젝트 진행에 따라 변경될 수도 있다는 점을 유의하여 프로젝트 진행 중에도 이해관계자의 영향력 정도를 재확인하여야 합니다. 이렇게 이해관계자 영향력 분석표를 사용하면 프로젝트 이해관계자를 구분하는 데 도움이 됩니다. 이를 바탕으로 가장 적합한 방식으로 모든 프로젝트 이해관계자와 효과적으로 의사소통을 할 수 있습니다.

이해관계자 관리는 이해관계자 분석에 따라 각 프로젝트 이해관계자와 의사소통하는 절차입니다. 이해관계자 관리를 수행하면 프로젝트 진행의 최신화 및 정기적인 프로젝트 진행 보고서 등 이해관계자와 적절한 수준의 정보를 적시에 공유할 수 있습니다. 프로젝트 이해관계자 관리에서 중요한 부분은 의사소통 계획을 만드는 것입니다. 의사소통 계획의 일부로 이해관계자가 사용하는 채널(이메일, 메시지, 업무 관리 시스템)과 언제, 어떤 주기로 어떤 수준의 정보를 공유하여야 하는지 등을 명확히 하여야 합니다. 특히 PM과 함께 프로젝트를 수행하는 프로젝트팀원과의 의사소통은 프로젝트의 성공에 매우 중요합니다. 프로젝트에 대한 이해와 목표를 공유하고 이를 통해 다양한 역량을 결집하여야 프로젝트를 성공적으로 수행할 수 있습니다.[196]

이해관계자 관리는 프로젝트에 많은 이점을 줍니다. 프로젝트 계획 단계에서 이해관계자는 프로젝트 방향성을 안내하는 역할을 합니다. 내부 이해관계자는 프로젝트 예산이나 자원 관리계획을 준비하는 데 도움이 될 수 있습니다. 고객과 같은 외부 이해관계자가 누구인지 알면 프로젝트 범위와 프로젝트 목표를 설정하는 데 도움이 될 수 있습니다. 프로젝트가 진행될 때는 프로젝트 이해관계자가 지원을 강화하고, 진행이 어려울 때 도움을 주고, 팀에 동기를 부여할 수 있습니다. 프로젝트 이해관계자를 명확하게 이해하고 관리하면 이해관계자의 동의를 얻고 프로젝트를 더 효과적으로 실행할 수 있습니다.

---

[196] Russka, I. and Varitiainen, I. (2003), Critical project competences – a case study, Journal of Workplace Learning, 15(7/8)

05
프로젝트를 어떻게 요약하여 공유하는가?

프로젝트 헌장(Charter)은 이제 본격적으로 수행할 프로젝트에 대한 경영진의 승인을 받은 최상위 수준의 핵심 문서로, 이해관계자에게 프로젝트에 대해 간략하고 명확하게 설명할 수 있는 문서입니다. 프로젝트 헌장은 프로젝트 수행을 위한 기본 지침서로, 프로젝트 팀에게 목표, 과제, 일정 및 이해당사자 등을 신속히 이해하고 공유할 수 있게 합니다. 공지된 프로젝트 헌장은 내부 이해관계자도 프로젝트를 인지하고, 프로젝트 수행에 필요한 지원을 요청하고 제공할 수 있게 하는 근거가 됩니다.

프로젝트 헌장에는 일반적으로 1매의 분량으로 프로젝트의 명칭, 근거, 의의, 목표 및 산출물, 주요 일정, 이해관계자, 예산 및 자원, 성공기준, 제약사항, PM 및 프로젝트팀 조직 등과 같은 상위 수준의 내용을 기술합니다. 이 헌장의 내용은 프로젝트 세부 계획 수립의 기준이 됩니다. 일반적으로는 경영진이 프로젝트 PM을 선임하여 권한을 주면, 이 PM이 프로젝트 헌장 작성을 주도하며, 작성 후에는 경영진의 승인을 받고 전체 조직에 공지합니다. 승인된 헌장은 PM에게 공식적으로 프로젝트를 실행하고 조직의 자금과 자원을 사용하여 프로젝트를 성공적으로 수행할 수 있는 권한을 제공합니다.[197]

프로젝트 헌장 작성을 주도하는 PM은 자신의 전문지식과 경험을 사용하여 헌장을 작성합니다. PM은 고객 및 프로젝트 후원자 등 주요 이해관계자, PMO, 조직 내부 및 외부의 전문가, 조직 내의 기타 부서와 협력하며 헌장을 작성할 수도 있습니다. 이렇게 작성된 프로젝트 헌장은 일단 경영진의 승인을 받은 후에는 관련 이해관계자의 동의가 없으면 변경할 수 없습니다.

프로젝트 헌장의 기본적인 양식과 내용은 다음의 표를 참조할 수 있습니다. 물론 이 프로젝트 헌장의 양식과 내용은 각 프로젝트의 특성에 따라 조정하여 사용할 수 있습니다.

---

197 https://project-management.com/what-is-a-proect-charter/

[표 5-6. 프로젝트 헌장 양식 및 예]

프로젝트 명칭	신형 XXX 와이퍼 구동장치
프로젝트 근거	OO 자동차사와의 계약 번호 2023-XXX-127 (2023년 1월 28일자)
프로젝트 설명	OO 자동차사의 신형 SUV XXX 자동차 모델에 대한 앞 유리 및 뒷유리 발수용 와이퍼 구동장치 개발 및 납품
프로젝트 의의	OO 자동차사에서 최초 수주한 프로젝트로, 프로젝트 성공 시 XXX 자동차 모델의 판매에 따라 지속적이고 안정적 매출 확보가 가능하며, 향후 타 자동차 모델로 영역을 확대 가능
달성 목표	신형 XXX 자동차 모델의 와이퍼 구동장치에 대한 OO 자동차사 승인 확보 후 신형 XXX 자동차 모델용 와이퍼 구동장치 양산 및 3만식 납품 – 2024년 1월부터 6월까지 매월 말 5천식 납품 – 관련 정비 교범 포함 (서류 및 전자식)
프로젝트 일정	2023년 2월 1일 ~ 2023년 6월 30일 (1년 5개월) – 2023년 6월 30일 와이퍼 구동장치 설계 완료 – 2023년 9월 30일 와이퍼 구동장치 시제품 생산 – 2023년 10월 28일 와이퍼 구동장치 시험평가 완료 – 2023년 12월 30일 양산용 생산라인 설치 완료 – 2024년 1월 3일 양산용 와이퍼 구동장치 생산 개시
성과평가 기준	와이퍼 구동장치 개발에 대한 OO사 승인 와이퍼 구동장치 양산 착수 와이퍼 구동장치 납품 완료
투입자원	개발 인력 2 Man-Year, 생산 인력 6 Man-Year, 간접 인력 2 Man-Year, 구동장치 양산용 생산라인 설치 △△억원 정비 교범 외주 개발비 △억원 모터 구입비 및 자재비 △억원
제약사항	신형 XXX 자동차 모델이 병행 개발 중으로 와이퍼 구동장치에 대한 요구도 변경 가능성 존재 – 요구도 변경에 대한 영향성은 당사 부담 전자식 정비 교범 제작에 대한 역량 부족
프로젝트 관리자	마케팅부 □□□ 부장
프로젝트팀	개발부 OOO 부장, 생산기술부 XXX 차장, 생산부 △△△ 차장, 품질부 ◇◇◇차장 외 세부 조직은 별도 구성
이해관계자	사내 자금팀장, 구매팀장, 설비팀장 OO 자동차사 OOO 구매팀장, 품질팀장
프로젝트 승인자	□□□사 사장 ■■■ (인) / 일자 2023년 2월 4일

5장. 프로젝트 착수

■ 특정 목표를 성공적으로 달성하기 위하여 제한된 자원과 일정 내에서 최적으로 수행하는 일시적인 활동인 프로젝트는 고유성, 목표 달성, 기한, 조정·통제를 특징으로 합니다.

■ 성공적인 프로젝트 관리를 위한 단계로, 착수–계획–실행–감독 및 통제–종결로 구성되는 5단계 또는 착수–계획–실행–종결로 구성되는 4단계로 구분하기도 합니다.

■ 프로젝트 성공을 위한 3가지 요소는, 명확한 목표 설정, 실행을 위한 효율적 시스템과 프로세스의 수립, 우수한 인적 자원의 확보입니다. 특히 초기에 역량이 우수한 인력이 참여하여 프로젝트를 선도하는 것이 프로젝트 성공을 위한 핵심입니다.

■ 프로젝트 관리자(PM)는 프로젝트 시작에서 종료까지 프로젝트 목표를 달성하기 위한 책임을 지고 팀을 선도하는 책임자입니다. PM은 프로젝트 수행을 위한 각 업무에 대한 지식과 이를 관리하는 역량을 갖추어야 합니다.

■ 프로젝트 성과에 긍정적인 영향을 주는 프로젝트 관리실(PMO)은 프로젝트에 대한 별도의 관리 조직으로, 프로젝트 간의 우선순위를 정하고 자원을 배분하고 프로젝트의 진행을 관리하고 통제하는 PM의 업무를 지원하거나 관리합니다.

■ 프로젝트 수행과 성공에 영향을 미치는 프로젝트 이해관계자는 경영진, 프로젝트팀, 후원자, 고객과 정부 기관 등이 있습니다. PM은 프로젝트 초기에 이해관계자를 분석하고 각 이해관계자와 의사소통하는 이해관계자 관리가 필요합니다.

■ 프로젝트 수행을 위한 기본 지침서로, 경영진의 승인을 받은 최상위 수준의 핵심 문서인 프로젝트 헌장은 이해관계자에게 프로젝트에 대한 공유와 지원을 요청할 수 있는 근거가 됩니다.

BUSINESS MARKETING & PROJECT MANAGEMENT

BUSINESS MARKETING & PROJECT MANAGEMENT

CHAPTER

6

프로젝트 계획

프로젝트 계획 또는 프로젝트 관리계획은 계획한 일정 내에 프로젝트를 성공적으로 완료하기 위한 세부 방안을 수립하는 것[198]으로, 프로젝트의 실행, 감독 및 통제, 종결을 위한 기초가 됩니다. 프로젝트 계획은 프로젝트의 목표에 따른 요구도와 산출물을 정의하고, 목표 달성을 위한 구체적인 범위, 일정, 자원 및 예산 및 리스크, 품질, 조달 등을 체계적으로 관리하는 것으로, 프로젝트 관리에서 가장 중요한 부분입니다. 프로젝트 계획은 프로젝트 착수 시 공식적으로 승인되고 프로젝트 진행 과정 전체에 걸쳐 점진적으로 최신화됩니다. 프로젝트 계획문서는 프로젝트 진행 상황을 계획과 비교함으로써 프로젝트의 성과를 감독하고 이를 개선을 위해 필요한 조처를 할 수도 있습니다.

프로젝트 계획 수립은 큰 노력을 요구하나, 이를 수립하면 프로젝트를 효율적으로 추진할 수 있으며, 프로젝트가 큰 위험에 빠지기 전에 이를 알려주는 카나리아와 같은 역할을 하여 큰 기회손실 비용을 들이지 않고 조정을 할 수 있습니다.[199]

이에 따라, 6장에서는 프로젝트를 성공적으로 수행하기 위한 프로젝트 계획에 대하여 프로젝트 범위를 구체적이고 명확하게 수립하기 위한 절차와 작업분류체계(WBS; Work Breakdown Structure)를 알아보며, 프로젝트를 계획한 일정에 종결하기 위한 일정계획 도구와 관리 방법을 알아봅니다. 또한 승인된 예산 내에서 프로젝트를 완료하기 위한 예산 계획과 관리 방법을 알아보며, 프로젝트 목표 달성에 영향을 미치는 리스크를 관리하기 위한 계획을 확인합니다. 그리고 이상의 범위, 일정, 예산 등에 대한 계획 수립 점검에 대한 체크리스트를 살펴봅니다.

---

198 https://www.techtarget.com/searchcio/definition/project-planning
199 https://hbr.org/2016/09/you-may-hate-planning-but-you-should-do-it-anyway

01
프로젝트 계획은 무엇을 어떻게 수립하는 것인가?

　일반적으로 PM이 선임되고 프로젝트 헌장이 작성되어 승인받고 이가 공지되었다면, PM은 본격적으로 PM을 중심으로 프로젝트팀 전체가 함께 프로젝트에 대한 상세한 계획을 수립하는 단계로 진행합니다. 프로젝트 계획은 프로젝트 수행의 핵심으로, 프로젝트의 목표에 따라 요구도와 산출물을 정의하고, 목표 달성을 위한 구체적인 산출물 범위와, 계획한 일정에 종결하기 위한 필요 자원과 관련 예산 및 발생할 수 있는 리스크, 기타 품질 및 조달 등을 체계적으로 계획하는 것입니다.[200] 프로젝트 계획은 누가, 언제, 무엇을 어떻게 해야 하는지에 대한 구체적인 내용을 담아야 하며, 또한 프로젝트 계획은 실행의 결과를 어떻게 평가하고, 계획과의 차이를 어떻게 분석하며, 필요한 경우에 어떻게 조처할 것인지에 관한 내용도 포함하고 있어야 합

200　http://blog.zilicus.com/project-management-guide-basics-of-project-planning/

[그림 6-1. 프로젝트 계획 수립]

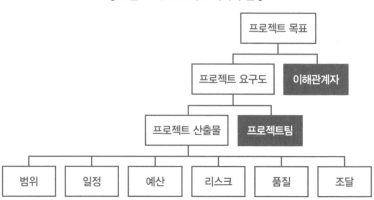

니다. 또한, 프로젝트 계획은 실현할 수 있어야 하며 계획을 구성하는 범위, 일정, 예산, 리스크, 품질, 조달 등 세부 계획 간에도 상호 모순이 없게 일관성이 있어야 합니다.

프로젝트 계획 수립과정에서 사용할 수 있는 기본지침으로는 S.M.A.R.T가 있습니다. 이는 앞의 마케팅 목표의 수립과 달성 여부를 평가하기 위한 정량적인 지표인 KPI 작성에 관해 이야기한 바와 같습니다. 즉, 프로젝트 계획은 구체적이어야 하며(Specific), 진척과 성과를 측정할 수 있어야 하며(Measurable), 현실적으로 가용한 능력과 자원 내에서 달성할 수 있어야 하며(Achievable), 목표가 프로젝트의 성공과 직접 관련되어야(Relevant) 합니다. 아울러 특정한 시간(Time bound) 내에 수행될 수 있어야 합니다.

프로젝트 계획은 프로젝트 성공에 있어서 가장 중요한 부분으로, 프로젝트 계획을 통해 이 프로젝트가 어디로 가고 그곳에 어떻게 도달할지를 알려줍니다. 프로젝트 계획은 프로젝트 수행 중에 발생할 수 있는 문제를 늦지 않게 파악할 수 있고, 이 문제를 해결하도록 대응하게 하여 프로젝트가 원래의 목표에서 벗어나지 않도록 도와줍니다. 프로젝트 계획은 처음에 수립되었다고 고정되는 것이 아니라 프로젝트 실행 중 감독과 통제의 결과를 반영하여 변경하고 수정할 수 있는 것입니다. 특히 프로젝트 초기 계획은 많은 가정을 포함하기 때문에 처음부터 완벽할 수 없습니다. 프로젝트를 수행하면서 불확실성이 점차 명확해지고 구체화 됩니다. 따라서 프로젝트를 수행하면서 기존 계획을 보완하여 더 좋은 계획을 수립하려는 노력이 필요합니다. 연구에서도 양질의 프로젝트 계획은 프로젝트가 적절하게 수행되고 완성될 가능성을 증가시키기 때문에, 프로젝트 계획 수립이 프로젝트의 중요한 성공 요인 중 하나로 확인되었습니다. 산업별 비교에서도 프로젝트를 많이 수행하는 건설 및 엔지니어링(건축회사) 기업은 소프트웨어 및 통신(통신회사), 서비스(은행), 생산 및 유지보수(식품회사) 등 다른 산업에 비해 프로젝트 성공률이 높게 나타납니다.[201]

프로젝트 수행에 대한 조사에 의하면 프로젝트의 50%가 적기에 종결되지 못하고, 45%가 예산을 초과한다고 하는데[202], 잘 수립된 프로

201 Zwikael, O. and Globerson, S. (2006), Benchmarking of project planning and success in selected industries, Benchmarking: An International Journal, 13(6)

202 https://monday.com/blog/project-management/how-to-write-a-killer-project-plan-in-6-simple-steps/

젝트 계획은 이를 줄일 수 있습니다. 설득력 있는 프로젝트 계획을 수립하기 위해서는 계획을 작성하기 전에 이해관계자를 만나 프로젝트에 대한 이들의 이해 및 기대치 등을 확인하고 프로젝트 계획에 반영하는 것이 좋습니다. 경영진이 프로젝트를 지지하지 않거나, 이해관계자가 프로젝트에 부정적이라면 그 프로젝트는 성공하기 어렵습니다. 따라서 프로젝트 계획의 결과물인 계획문서에 대해 고객과 경영진을 포함한 이해관계자의 공식적 승인이 필요합니다. 이렇게 함으로써 이해관계자들이 프로젝트에 대해 공통된 인식을 하게 되고, 프로젝트 수행과정에서도 더 긍정적이고 적극적인 자세로 참여할 수 있게 됩니다.

프로젝트 계획 단계에서는 모든 상세 계획이 문서로 만들어집니다. 세부적으로는 프로젝트 목표를 달성하기 위해 범위, 일정, 자원 및 예산, 리스크, 품질, 조달, 의사소통 등 제반 활동에 대한 관리계획이 포함됩니다. 프로젝트팀과 함께 누가, 무엇을, 언제, 어떻게 프로젝트를 수행할 것인가를 협의하기 시작하면 계획을 수립하는 것이 어렵지 않을 것입니다.

02
범위는 어떻게
구체화할 것인가?

프로젝트 범위는 프로젝트를 통해 제공되는 제품과 서비스의 합으로 프로젝트를 성공적으로 완료하기 위해 요구되는 업무의 범위 또는 업무 자체를 의미합니다. 프로젝트 범위는 프로젝트 계획의 시작이자 중심입니다. 프로젝트 범위를 명확히 규정함으로써, WBS, 자원 및 일정계획, 비용 추정 및 예산 수립, 리스크관리 등의 세부 프로젝트 계획도 수립될 수 있습니다.

일반적으로 프로젝트 범위는 고객의 RFP에 기술된 요구도를 충족하는 방안을 작성하여 제안서의 일부로 제출한 작업 기술서(SOW; Statement of Work)를 기준으로 합니다. 고객은 SOW를 계약서 패키지 일부로 구성하기도 합니다. 즉, SOW는 고객과 공급선 간의 프로젝트 산출물을 규정하는 공식적 문서가 되는 것입니다. 따라서 프로젝트 범위는 SOW에 기술한 내용과 일치하여야 한다는 것을 의미합니다. SOW는 고객 요구도 충족을 위한 프로젝트 목표, 개요, 범위,

WBS, 비용, 자원/자격, 일정, 관련 부서/팀원, 산출물, 완료 기준, 관리 방법, 변경 관리 등의 내용을 간결하고 명확한 용어를 사용하여 기술합니다. [203]

그러나 프로젝트 범위를 명확히 정의하기는 쉽지 않습니다. 프로젝트 범위 설정에 가장 중요한 이해관계자인 고객의 요구가 개념적으로 표현되어 그 의미가 부정확하고 애매하거나, 고객이 융통성을 확보하려고 일부러 모호하게 표현하거나, 고객 역시 범위를 명확히 규정할 수 있는 전문지식이 부족하거나, 프로젝트 진행 중 고객의 환경 변화에 따른 변경을 요구하는 등의 어려움이 있을 수 있습니다. 특히 서비스 산업이나 지식 및 정보 기반의 산업을 다루는 무형적인 프로젝트의 경우 무엇이 필요한지 정의하기가 고객이나 프로젝트팀 모두에게 쉽지 않을 수 있습니다.

프로젝트 범위에 대한 고객의 의견도 계약의 종류에 따라 영향을 받을 수 있습니다. 고정가 계약의 경우에는 계약 금액이 이미 합의되어 있으므로 고객은 가능한 한 많은 업무를 범위에 포함하려고 합니다. 반면, 비용 정산 계약의 경우에는 계약 금액이 프로젝트 수행에 투입한 실제 비용에 미리 합의한 이익 또는 이익률을 더하여 최종 확정되기 때문에, 프로젝트 범위의 증가는 곧 계약 금액의 증가가 됩니다. 그러므로 프로젝트팀은 범위 증가에 관대해지는 경향이 있지만,

---

203 https://www.brighthubpm.com/project-planning/12763-statement-of-work-vs-work-breakdown-schedule/

고객은 프로젝트 범위에 불필요한 업무가 포함되지 않도록 감시하는 데 집중하게 됩니다.[204] 그러나, 실무적으로는 대부분의 계약 형태가 고정가 계약으로 체결되기 때문에 프로젝트 범위 변경, 주로 범위 증가에 따른 영향은 공급선이 부담하는 경우가 많습니다.

그럼에도 불구하고, 프로젝트 범위는 구체적이고 명확하여야 합니다. 이렇게 하여야 프로젝트가 언제 착수하고 언제 종결하는지를 알 수 있으며, 어떤 업무가 처음에 계획된 범위 내의 업무인지 또는 새롭게 추가된 업무인지를 알 수 있으며, 전체 프로젝트가 얼마나 진행되었는지를 파악할 수 있기 때문입니다. 이를 위해 프로젝트 범위 계획에는 다음과 같은 활동을 수행합니다.

- 프로젝트에 대한 경영진과 고객 등 내·외부 이해관계자들의 요구 사항을 수집합니다. 이는 이해관계자와의 면담, 워크숍, 설문 조사 등을 통해 요구사항 및 기대치 등을 문서로 만들어야 합니다.
- 범위를 정의합니다. 이는 프로젝트의 최종 산출물에 대해 구체적으로 상세히 기술하는 것으로, 이를 통해 범위 기술서가 작성되는데, 여기에는 프로젝트의 목표, 산출물, 일정, 승인 기준, 가정, 제약사항 등을 자세히 기록합니다.
- WBS를 작성합니다. WBS는 주요 프로젝트 산출물을 계층 구조로 세부적인 구성 요소로 나누는 작업입니다.[205] 가장 낮은 수준의

204 김병철, 「프로젝트 관리의 이해」, 2판, 세화, 2010년
205 https://www.northeastern.edu/graduate/blog/scope-management-plan/

[그림 6-2. 프로젝트 범위 계획]

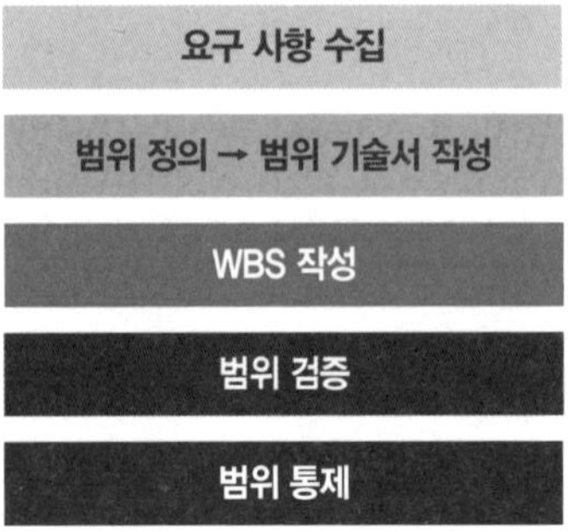

요구 사항 수집
범위 정의 → 범위 기술서 작성
WBS 작성
범위 검증
범위 통제

WBS는 작업 패키지로서 일정과 예산 산정의 기본 단위가 되며, 프로젝트 실행 단계에서 관리와 통제의 직접적 대상이 됩니다.

• 범위를 검증합니다. 이는 프로젝트 범위에 대한 사항들을 고객 또는 경영진과 함께 검토하여 공식적으로 승인하는 절차입니다. [206] 고객이 의사결정에 참여함으로써 고객은 프로젝트에 대한 일종의 통제권을 갖는다는 느낌을 받게 되며, 결국 프로젝트 산출물에 대한 만족도를 증가시킬 수 있습니다. [207] 또한, 고객이 공식적으로 승인한 범위에 대해서는 대가 없는 범위 변경이나 재작업과 같은 요구를 하기 어렵습니다.

• 범위를 통제합니다. 이는 정의된 프로젝트 범위에 대하여 계속하여 감독하고 변경을 관리하는 것입니다. 프로젝트 범위 계획

---

206 https://www.invensislearning.com/blog/projec-scope-tmanagement/

207 Fageha, M.K. and Aibinu, A.A. (2016), Identifying stakeholders' involvement that enhances project scope definition completeness in Saudi Arabian public building projects, Built Environment Project ans Asset Management, 6(1) Vol. 6, No. 1, pp. 6-29

[표 6-1. 건축 공사의 범위 기술서 예]

전원주택 건축 프로젝트 범위 기술서

프로젝트 목표	6개월 내에 2.5억원 예산 내에서 고품질의 맞춤형 전원주택 건축
납지	충북 청주시 상당구 미원면 단재로 24XX
납품물	• 대지 200평에 50평 규모의 욕실 2개, 방 3개가 있는 집 • 별도의 차고지 포함 • 냉장고, 가스레인지, 식기세척기 등이 포함된 주방 포함 • 에어컨 및 난방 시스템 포함
주요 일정	1. 건축 허가 승인 – 3월 5일 2. 기초 공사 – 4월 20일 3. 건축 및 전기, 배관 공사 – 7월 5일 4. 외부 공사 및 최종 점검 – 8월 31일
기술 요구사항	1. 집은 현지 건축 법규 충족 2. 모든 창과 문은 방화 성능을 갖춘 창호로 시공 3. 모든 전제 제품은 에너지 효율 1등급 충족 4. 모든 단열재는 단열재 등급 분류 기준 '가' 자재로 시공 5. 구조물은 내진설계 확인 6. 차고는 대형 승용차 2대 크기 기준
승인 기준	1. 일정 및 예산 준수 2. 건축물 사용 승인서
제한 및 제외	1. 집은 고객이 제공하는 설계도에 따라 건축 2. 식수 등 조경은 고객 책임 3. 주방용품에는 김치냉장고 제외 4. 공사자는 용역 위탁 가능 5. 공사자는 하도급 계약 가능 6. 작업은 월요일부터 금요일, 오전 8시부터 오후 6시까지로 제한 7. 설계 변동 사항은 고객의 승인 필요
고객 검토 및 승인	김 한 수 (인) / 2023년 2월 28일

을 잘 수립하면 프로젝트팀원들에게 적절한 업무를 균형적으로 할당할 수 있고, 예산 및 일정 측면에서 미리 최종 결과를 예측하여 정상 궤도를 벗어나지 않도록 하는 데에도 도움이 됩니다.

고객의 승인을 받은 범위 기술서는 프로젝트가 어떻게 진행될 것인지에 대한 이해관계자 간에 공통적인 이해를 형성하고, 향후 프로젝트에 대한 의사결정에 있어서 근거가 되는 문서가 됩니다. 위의 [표 6-1]은 범위 기술서의 사례로 전원주택 건축 공사에 대한 프로젝트 범위 기술서입니다.[208]

프로젝트 범위 기술서는 우리가 프로젝트 착수단계에서 작성한 프로젝트 헌장과도 유사합니다. 기본적으로 프로젝트 헌장은 자원을 투입하여 프로젝트를 공식적으로 착수하기 위해 프로젝트 전반에 걸친 간결한 개요와 이에 대한 경영진 또는 후원자의 승인을 목적으로 합니다. 이에 비해 프로젝트 범위 기술서는 승인된 프로젝트 헌장을 바탕으로 프로젝트 범위를 가능한 한 구체적으로 기술합니다. 프로젝트 범위 기술서는 프로젝트의 목표가 예정대로 성공적으로 달성하였는지를 판단하는 데 도움이 됩니다. 그래서 거의 변경이 불가능한 프로젝트 헌장과는 달리, 프로젝트 범위 기술서는 새로운 정보가 발견되면 관련 목표를 수정할 수 있습니다.[209]

프로젝트 범위를 관리하는 것은 프로젝트의 목표를 성공적으로 달성하는 데 핵심적인 역할을 합니다. 모호함과 불확실성을 제거하기 위한 최선의 해결책으로 여겨지는 프로젝트 범위관리의 목표는

---

208 https://www.template.net/business/statement-templates/project-scope-statement/에서 일부 인용 및 수정

209 https://bizfluent.com/info-8349353-difference-project-charter-project-scope.html

프로젝트를 성공적으로 수행하는 데 필요한 모든 작업 중에서 꼭 필요한 작업만 포함하고, 변경을 최소화하도록 관리하는 것을 말합니다. 범위는 곧 자원의 투입과 원가의 발생을 의미하며 결과적으로 프로젝트의 일정과 원가에 영향을 줍니다. 프로젝트 계획 단계에서 범위에 대한 불명확한 계획은 범위 변경을 초래하며, 이는 프로젝트의 일정, 예산 및 품질 수준에 부정적인 영향을 미칩니다.[210] 또한, 프로젝트 범위를 여유 있게 계획하는 것은 프로젝트 수행과정에서 불필요한 자원의 투입을 의미하며, 이는 일정과 예산의 한게로 인해 결국 프로젝트 범위가 축소될 수밖에 없는 상황을 낳게 됩니다. 따라서 최소한의 업무로 최대의 효과, 즉 프로젝트의 성공을 만들어내는 것이 가장 바람직한 프로젝트 범위 계획의 방향입니다. 이는 마치 여러분이 식료품을 사기 위해 마트에 갈 때 자신이 살 식료품의 목록과 예산을 미리 정해 놓으면, 당장 필요하지 않은 것을 충동구매로 사던가, 이미 있는데도 같은 식료품을 또 산다거나, 사야 할 식료품을 잊고 사지 않든가 하는 등의 문제를 예방할 수 있는 것과도 같다고 볼 수 있습니다.[211]

프로젝트 범위 최소화와 함께 중요한 것이 범위 변경을 최소화하는 것입니다. 프로젝트 수행 중 범위 변경은 프로젝트 전체에 영향을 주어 작업중단, 계획 재수립, 재작업 등의 상황을 초래하여 결과적으

210 Ajmal, M.M. Khan, M., Gunasekaran, A. and Helo, P.T. (2021), Managing project scope creep in construction industry, Engineering, Construction and Architectural Management

211 https://www.proofhub.com/articles/project-scope-management

로 프로젝트 일정과 원가의 손실을 초래할 수 있습니다. 현실적으로 프로젝트 수행 중 여러 가지 원인에 의해 범위 변경이 불가피한 때도 있습니다. 그러나 중요한 것은 프로젝트 범위를 규정할 때 범위 변경이 발생하지 않도록 하는 것입니다. 불필요한 범위 변경은 최소화되어야 합니다.

Gold Plating(금도금)도 방지하여야 합니다. Gold Plating이란 일반적으로 프로젝트 수행 중 고객을 위해 프로젝트팀이 자발적으로 일정과 예산의 변동 없이 계획한 범위를 초과하는 변경을 무료로 제공하는 것입니다. 프로젝트팀이 좋은 의도로 고객 만족을 위해서, 혹은 자기 능력을 과시하거나, 혹은 다른 부분에서의 결점을 이것으로 보상하기 위해 Gold Plating을 할 수도 있습니다. 고객은 이 Gold Plating에 감사하고 만족도도 높아질 수도 있겠지만, 이가 기대치를 높여 고객이 점차 더 많은 것을 기대하게 만들 수 있습니다. 또한, 고객의 승인 없이 추가한 것에 대해 고객이 이의를 제기할 수도 있습니다. 이 경우 초과한 범위를 원상으로 되돌려야 하는 노력은 결국 추가 비용과 일정 지연을 유발하게 됩니다. 따라서 프로젝트는 합의된 범위 내에서 수행되어야 하며 Gold Plating은 배제하여야 합니다. 물론 이가 고객의 가치를 높일 수 있다고 하여 고객과 협의하여 진행하게 된다면 이는 통제된 변경 관리입니다.

이와 유사하게 범위 크리프(Creep)가 있습니다. 이는 일반적으로 고객의 요청으로 프로젝트 일정, 예산 및 기타 자원 등 다른 부분은 조정하지 않고 범위에 대한 변경 또는 확장을 말합니다. 조사에 따르면 전체 프로젝트의 52%에서 발생하는 이 범위 크리프는 PM에게 골치 아픈 사안이 되고 있습니다.[212] 범위 크리프는 불명확한 범위 설정, 고객과 프로젝트팀 간의 서로 다른 범위 인식 등에 의해서도 종종 발생합니다. 범위 크리프는 원인이 많고, 종종 작은 규모의 확장으로 인해 범위 크리프를 통제하기는 쉽지 않지만, 프로젝트를 예산과 일정 범위 내에서 맞추어 수행하는 것이 중요합니다. 범위 크리프를 피하기 위해서는 범위를 명확히 설정하고 이에 대한 고객의 승인을 받음으로써 고객 기대치도 이에 맞추어 설정하여야 합니다. 고객의 모든 변경 요구를 프로젝트팀이 검토하여 이의 영향성을 고객과 협의하며, 고객과의 합의 없이는 변경되지 않도록 합니다. 물론 고객과 합의한 변경 관리 절차에 따라 공식적으로 고객의 변경 요구를 검토하고 그 영향성을 분석하여 고객과의 합의에 따라 프로젝트 일정 및 예산에 적절한 조정이 이루어지는 경우는 통제된 변경 관리입니다.[213]

범위와 관련하여 중요한 산출물의 하나가 바로 WBS입니다. 이는 프로젝트 목표를 달성하고 필요한 산출물을 생성하기 위해 수행하여야 할 총작업 범위를 작은 단위로 체계적으로 나누어 시각적으로 계층적으로 구성한 것입니다. WBS는 프로젝트를 완료하는데 필요한

212 https://kissflow.com/project/projec-scope-tmanagement/
213 https://projectmanagementacademy.net/resources/blog/gold-plating-vs-scope-creep/

모든 작업을 시각화할 수 있어서 프로젝트 팀에게는 매우 유용한 도구입니다. WBS는 여러분에게 익숙한 조직도와도 유사합니다. 또한, 제품을 제작하는 데 필요한 물리적 조립품, 하위 조립품 및 구성품에 대한 계층적 구조를 나타내는 자재 목록인 Bill Of Material(BOM)과도 유사하나, BOM이 물리적인 제품을 대상으로 하지만, WBS는 프로젝트 산출물로 제품뿐만 아니라 서비스, 데이터 등을 포함합니다. 예를 들어, 차량용 와이퍼 구동장치와 이에 대한 정비 교범을 납품하는 프로젝트에서, 와이퍼 구동장치에 대한 구성은 BOM으로 표현할 수 있으며, 와이퍼 구동장치 및 정비 교범을 포함하는 구성은 WBS로 구분하는 것입니다.

프로젝트의 성공은 WBS의 구성에 달려있다고 해도 과언이 아닙니다. 프로젝트의 실행 전에 프로젝트의 범위가 누락이나 중복 없이 세부적으로 명확하게 관리할 수 있는 수준으로 표현된다면 프로젝트의 성공 가능성은 당연히 더욱 커집니다. WBS는 산출물을 가장 작은 단위로 분해하기 때문에 프로젝트 수행에 꼭 필요한 작업만을 식별하게 합니다. 이를 위해 '100% 규칙'을 적용하는데, 이는 상위 수준의 WBS는 그 하위 수준을 구성하는 WBS의 합과 같다는 것입니다. 이는 WBS와 연계한 일정 및 자원 구성에도 똑같이 적용됩니다. WBS는 프로젝트에 필요한 모든 작업을 구체적으로 파악하고 식별할 수 있게 도와주며, 각 작업이 수행되어야 할 순서를 명확히 제시하고, 각 작업에 필요한 자원과 일정 정보를 제공하며, 작업의 진행을 추적하기에도 쉬워 일정 차질, 범위 변화, 예산 초과 등과 같은 일반적인 프로젝트 문제를 사전에 방지하게 도와줍니다. 또한, WBS는 모든 작업을 나누어 팀원들에게 할당하므로 프로젝트팀 내의 의사소통을 돕고, 팀원 간의 역할과 책임을 명확히 할 수 있으며, 성과를 평가하기에도 유용합니다.

WBS를 작성하려면 우선 프로젝트의 주요 산출물을 식별하여야 합니다. 다시 이를 더 작은 산출물로 분해하여 시간과 비용, 자원 등의 추정이 가능하고, 그 구성 요소가 한 사람 또는 하나의 조직이 수행할 수 있는 단위가 될 때까지 반복합니다. 몇 단계까지 분해하여야 하는지에 대한 일률적인 기준은 없습니다. 이는 프로젝트의 규모와 범위, 복잡성, 리스크 수준, 팀의 숙련도, 통제 유지 수준 등 다양한 조건에 의해 다릅니다. 기본적으로는 최소 3단계의 계층 구조를 이야기합니다. 1단계는 프로젝트의 전체적인 목표, 2단계는 프로젝트 산출물, 그리고 3단계는 개별적인 세부 작업 패키지(Work Package)입니다.[214] 산출물을 계속하여 작게 분해하면 정확하고 좋은 WBS가 된다고 할 수 있습니다. 그러나 여러 단계의 분할을 거쳐 산출물의 크기가 작아지면 관리가 쉬워지는 장점이 있지만, 산출물의 개수가 많아져서 관리의 대상이 많아진다는 단점도 있습니다. 이렇게 관리할 수 있는 WBS의 최하위 산출물을 작업 패키지라고 부르는데, 일반적으로 사람들이 관리할 수 있는 작업 패키지는 1~2주 정도의 작업 분량으로

---

214 https://miro.com/templates/work-breakdown-structure/

여깁니다. 범위에 따라 작업 패키지가 작을 수도 있지만 4시간 미만의 작업 패키지는 만들지 않는 것이 좋습니다.[215]

최하위 산출물인 작업 패키지는 이 산출물을 만들기 위해 작업 패키지를 더 분해하여 얻을 수 있는 활동(Activity)과는 구분됩니다. 즉, 활동은 산출물을 만들기 위한 행위이며, 하나의 작업 패키지에는 여러 개의 활동이 있을 수 있습니다. 예를 들면, 다음 [그림 6-3] WBS 다이어그램에서 '기초 공사' 하부의 '터 파기', '콘크리트 타설', '콘크리트 양생' 등은 작업 패키지입니다. 그리고 '터 파기'를 위해 대지에 기준점을 잡고, 줄로 공사 지역을 표시하며, 굴삭기로 땅을 파고, 레벨 측정을 하고, 잡석을 깔아주고 다지는 것 등은 활동입니다.

WBS 체계는 다이어그램, 간트 차트 또는 마이크로소프트사의 엑셀 시트를 이용하여 작성할 수도 있습니다. 체계적으로 구성된 WBS와 이에 대한 식별 코드, 작업 명칭, 상세 설명, 결과물, 팀원 이름과 소요 일정, 필요한 자원 등을 기록합니다. 또한, 일부 작업 단위가 내부적으로 수행되지 않고 외부 공급자로부터 구매한다면 이를 구분하여 자체 또는 구매(Make or Buy)로 표기하여야 합니다. 이렇게 WBS가 완성되면, 프로젝트 일정계획, 예산계획, 자원 관리계획, 품질 계획 등 다른 계획 수립의 토대가 됩니다. 예를 들어 앞에서 예로 든 전원주택을 짓는 프로젝트를 WBS 다이어그램을 사용하여 작업 단위로

---

215 https://www.techrepublic.com/article/work-breakdown-structures-help-define-project-scope/

구성하고, 각 작업 단위에 작업 기간, 예산 등을 포함하면 다음의 [그림 6-3]과 같습니다.[216] 이를 다시 시트 형식으로 변환하면 다음의 [표 6-2]와 같습니다.

[그림 6-3. 전원주택 공사에 대한 WBS 다이어그램 예]

216 https://projecctmanager.com/work-breakdown-structure

[표 6-2. 전원주택 공사에 대한 WBS 시트 예]

WBS ID	작업단위	기간(월)	Make/Buy	예산(만원)
1.0	기초 공사	1.5		8,000
1.1	터파기	0.2	M	1,200
1.2	콘크리트 타설	0.3	B	1,700
1.3	콘크리트 양생	0.2	M	400
1.4	철골 세우기	0.1	M	2,300
1.5	철 기둥	0.2	M	1,250
1.6	기둥	0.2	M	850
1.7	장선	0.3	M	300
2.0	내부 공사	2.5		10,000
2.1	전기	0.2	B	1,150
2.2	배선 공사	0.4	M	1,850
2.3	설치 및 폐기	0.2	M	600
2.4	냉난방 설비	0.3	B	2,500
2.5	배관	0.3	B	800
2.6	배관 공사	0.5	M	1,550
2.7	배관 장치	0.2	B	1,200
2.8	시험 및 청소	0.4	M	350
3.0	외부 공사	2.0		7,000
3.1	벽돌 공사	0.3	M	1,500
3.2	벽돌 쌓기	0.2	M	900
3.3	지붕 배수	0.2	M	750
3.4	지붕 덮기	0.2	M	550
3.5	건물 마무리	0.3	M	1,600
3.6	벽 페인트	0.1	M	350
3.7	천장 타일	0.2	M	600
3.8	벽지 시공	0.2	M	250
3.9	카페트	0.1	B	300
3.10	철물	0.2	M	200

03
일정은
어떻게 수립할 것인가?

    프로젝트는 그 특성처럼 일시적으로 수행되는 활동이기 때문에 계획한 일정을 준수하여야 한다는 시간적 제약에서 벗어날 수 없습니다. 프로젝트가 계획한 일정보다 늦어지면 자원이 추가로 투입되어 예산을 초과할 수밖에 없으므로 프로젝트의 성공에 직접적인 영향을 미치게 됩니다. 물론 일정을 단축하기 위해서도 자원을 추가로 투입하여야 하므로 이 역시 프로젝트 성공에 영향을 미칩니다. 일반적으로 계획 일정과 프로젝트 비용 간의 그래프는 U자 곡선의 형태로 나타납니다. [217] 따라서 프로젝트팀은 계획된 일정에 맞추어 프로젝트를 종결하여야 한다는 시간적 압박을 받으면서 프로젝트를 수행하여야 하므로 체계적인 일정 관리가 더더욱 중요합니다. 조사에 따르면, 숙련도가 높은 프로젝트팀이 수행하는 IT 프로젝트 경우에도 계획한

---

217 황홍석, 류정철, 정덕길 (1996), 국방 R&D 프로젝트의 일정–비용분석모델의 연구, 한국경영과학회 학술대회 논문집, 213–216

일정에 프로젝트를 종결하는 비율은 64%에 지나지 않으며, 숙련도가 낮은 프로젝트팀은 계획한 일정에 프로젝트를 종결하는 비율은 34%에 지나지 않을 정도로[218] 프로젝트를 계획된 일정에 성공적으로 종결하기는 쉬운 일이 아닙니다.

프로젝트 수주를 기반으로 운영하는 기업에서는 수주를 위한 제안서 작성 시부터 정확한 일정 예측이 필요합니다.[219] 특히 수주 기업이 고객의 불명확한 요구도와 함께 일정에 대한 충분한 검토 없이 무리하게 수주 성과에만 집착하면, 일정 지연이 발생하고[220] 결과적으로는 계약 조건에 따라 프로젝트를 통해 얻을 수 있는 수익 이상의 지체 상금을 부담하여야 하는 경우도 발생할 수 있습니다. 수주 기업이 최악의 경우를 방지하기 위해서는 프로젝트 수행 중 일정 지연이 발생하면 프로젝트팀은 즉각적으로 일정 지연에 대한 원인을 조사하고 고객과 협의를 통하여 개선하려는 노력을 보여야 할 것입니다.

일정계획은 프로젝트를 구성하는 각 작업과 활동들을 논리적으로 연결하고 시간상으로 계획하여 각각의 활동들을 언제 시작하고 언제 끝내야 하는지에 대한 정보를 구성하는 것으로, 표, 그래프, 네트워크 다이어그램과 같은 다양한 형식으로 표현할 수 있습니다. 일정계획

---

218 https://workamajig.com/blog/project-management-statistics
219 성홍석, 박철순 (2016), 엔지니어링 프로젝트 일정위험 평가방법 연구, 대한산업공학회 춘계공동학술대회 논문집, 6064-6075
220 조재성, 박주철 (2008), 소규모 IT 업체를 위한 프로젝트 일정 관리 시스템 개발에 관한 연구, 대한산업공학회 춘계공동학술대회 논문집, 1264-1272

에 포함되는 정보는 각 활동의 수행 기간, 활동의 선후 관계, 활동에 필요한 인적·물적 자원, 자원투입에 따른 비용, 프로젝트 진행의 불확실성, 작업조건 등에 대한 종합적인 분석을 바탕으로 결정된다는 점에서 단순한 목표로서의 일정표와는 구분됩니다.

일정계획은 합리적으로 프로젝트 수행 기간을 추정함으로써 실행할 수 있는 일정 목표를 설정할 수 있게 합니다. 일정계획은 그 계획을 작성하는 과정에서 프로젝트 내용과 수행방법에 대한 전체적인 이해를 할 수 있게 하며, 고객과 경영진 등 이해관계자들에게 프로젝트를 설명하는 좋은 도구가 됩니다. 일정계획을 분석하여 중점적인 관리가 필요한 부분을 식별하고, 이에 자원을 집중시켜 목표 달성에 차질이 발생하지 않도록 할 수 있습니다. 또한, 일정계획은 프로젝트에 대한 전체적인 정보를 담고 있어서 그 자체로도 효율적인 의사소통의 도구가 되기도 합니다. 그리고 일정계획은 프로젝트 계획의 중요한 부분으로 성과평가의 지표가 되기도 합니다. 그러나 일정계획은 프로젝트의 복잡성과 자원의 가용성을 고려하고 불확실한 상황을 예측하여 계획을 세워야 하므로 어려운 점도 있습니다.

일정계획을 수립하는 절차는 다음과 같습니다.

첫째, 활동을 정의합니다. 이는 위에서 언급한 WBS에 따른 산출물을 만들어내기 위한 활동을 식별하여 문서로 만드는 것입니다.

둘째, 활동 순서를 배열합니다. 활동 간의 논리적 선후 관계를 식별하는 것으로, 순서를 정리하기 위해 네트워크 다이어그램을 이용하기도 합니다.

셋째, 활동 자원을 산정합니다. 프로젝트 범위와 자원에 대한 정보를 파악하고, 활동을 수행하는 데 필요한 인력, 자재, 장비, 기타 자원의 종류와 수량을 산정합니다.

넷째, 활동 기간을 산정합니다. 활동 자원 산정에 따라 각 작업과 활동을 완료하는데 필요한 총 작업시간을 산정합니다.

다섯째, 일정을 수립합니다. 각 작업과 활동에 대해 시작일과 종료일을 결정합니다. 그리고 이를 종합하여 프로젝트 전체에 대한 일정을 수립합니다. 전체 일정에는 프로젝트 진행 중에 발생할 수도 있는 예기치 못한 상황에 대한 예비 일정도 반영하는 것이 좋습니다. 일부 연구에서는 경험치로 산정한 일정의 최대 20%를 예비 일정으로 반영합니다.[221]

이렇게 일정계획을 수립하고 진행하면서 프로젝트 상황에 따라 필요하면 일정을 조정하고 이를 관리하는 활동을 일정 통제라고 합니다.

프로젝트 관리에서 많이 사용되는 일정계획 도구에는 네트워크 일정표, 간트 차트, 일정표 등이 있습니다.

[그림 6-4. 일정계획 수립 절차]

---

221 https://www.invensislearning.com/blog/project-schdule-management/

네트워크 일정표는 각 활동의 실행순서에 따라 결정되는 선후 관계를 논리적으로 연결한 네트워크 다이어그램에 투입할 자원과 일자를 반영한 것입니다. 네트워크 다이어그램을 작성하는 방법에는 선후행도형법(PDM; Precedence Diagramming Method), 화살도형법(ADM; Arrow Diagramming Method) 및 조건도형법(CDM; Conditional Diagramming Method) 등이 있는데, 요즘에는 프로젝트 관리 소프트웨어의 발전과 더불어 그래픽 표현이 쉬운 PDM을 많이 사용합니다. PDM은 활동을 분기점(Node)으로 표현하는 방식으로, 선후 관계는 선행 활동이 완료되어야 후속 활동이 시작할 수 있는 FS(Finish to Start), 선행 활동이 완료되어야 후속 활동을 종료할 수 있는 FF(Finish to Finish), 선행 활동이 시작되어야 후속 활동이 시작할 수 있는 SS(Start to Start), 선행 활동이 시작되어야 후속 활동을 종료할 수 있는 SF(Start to Finish) 등으로 나눌 수 있습니다. 이러한 네트워크 다이어그램을 활용한 네트워크 일정표에는 활동 선후 관계, 일자 정보, 자원 정보 등이 종합적으로 나타나므로 프로젝트 계획이나 실무담당자 간의 업무 협의에 유용하게 사용할 수 있습니다.

[그림 6-5. 네트워크 다이어그램]

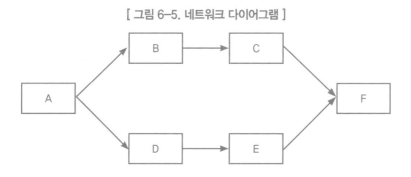

간트 차트는 일반적으로 가장 많이 사용하는 일정계획 도구입니다. 간트 차트의 특징은 활동 하나하나의 수행 기간을 시각적으로 표현하여 누구나 쉽게 파악할 수 있습니다. 그래서 활동이 적은 소규모 프로젝트의 경우 유용하게 사용할 수 있습니다. 또한, 프로젝트 계획 일정 대비 진척 상황을 쉽게 파악하여 관리와 통제에 효과적입니다. 간트 차트는 활동 간의 선후 관계를 명확히 표시할 수 없다는 단점이 있습니다. 그러나 순차적인 활동의 경우에는 WBS와 간트 차트를 연결하여 표현하면 더 우수한 일정계획 도구가 됩니다. 예를 들어 위의 [표 6-2]의 WBS ID 1.0을 기준으로 하여 나타내면 다음의 [그림 6-6]과 같습니다.

일정표는 프로젝트 진행에서 중요한 의미가 있는 사건 또는 시점을 표시합니다. 이에는 프로젝트 착수일, 주요 산출물 완료일 등이 표시될 수 있는데, 일정표의 장점은 규모가 큰 프로젝트의 계획 일정 대비 실제 실행 여부 및 시기 등 전체적인 현황을 파악하기 쉬워서, 경

[그림 6-6. WBS와 연결한 간트 챠트]

WBS ID	작업단위	기간(월)	예산(만원)	담당자	3월				4월		
					3/4	3/11	3/18	3/25	4/1	4/8	4/15
1.0	기초 공사	1.5	8,000	김양호							
1.1	터파기	0.2	1,200	김동식							
1.2	콘그리트 타설	0.3	1,700	이현수							
1.3	콘크리트 양생	0.2	400	이현수							
1.4	철골 세우기	0.1	2,300	최동혁							
1.5	철 기둥	0.2	1,250	홍사철							
1.6	기둥	0.2	850	이기형							
1.7	장선	0.3	300	김양호							

※ 범례 : 계획 ▨▨▨ 실적 ■■■

[그림 6-7. 일정표]

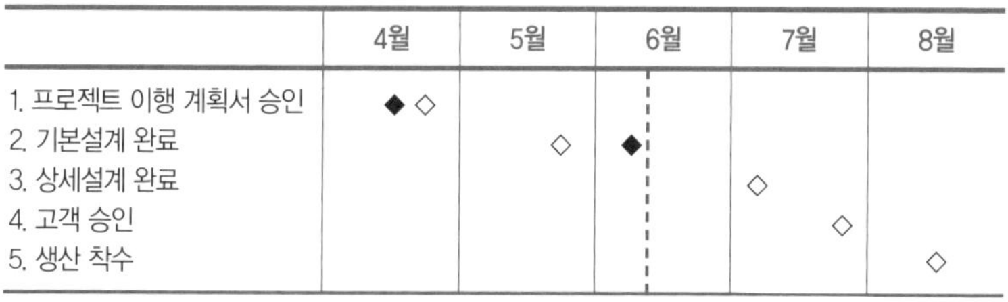

	4월	5월	6월	7월	8월
1. 프로젝트 이행 계획서 승인	◆ ◇				
2. 기본설계 완료		◇	◆		
3. 상세설계 완료				◇	
4. 고객 승인				◇	
5. 생산 착수					◇

영층이나 고객에 대한 요약 수준의 보고에 적절합니다.

일정 개발이란 네트워크 다이어그램과 활동 기간 추정의 결과를 수학적으로 분석하고, 제약조건, 자원의 한계, 프로젝트 목표의 리스크 등의 구체적인 프로젝트 요구사항을 고려하여 최적화된 프로젝트 일정을 작성하는 절차입니다. 이렇게 작성된 프로젝트 일정은 공식적인 승인을 통해 프로젝트 성과 기준계획으로 확정되어야 합니다.

네트워크 다이어그램과 활동 기간이 정해지면 일정의 기본 틀이 형성되었다고 할 수 있습니다. 수학적 분석 단계에서는 네트워크 다이어그램과 활동 기간을 이용하여 각 활동의 이론적인 시작일과 종료일을 계산합니다. 가장 많이 사용하는 일정계획 수립 및 관리방법에는 임계경로법(CPM; Critical Path Method)과 PERT(Program Evaluation and Review Technique)가 있습니다.

CPM은 활동 기간을 가장 많이 발생하는 최빈값을 사용하며, 네트워크 경로 중 활동 기간이 가장 긴 경로인 임계 경로를 찾는 방법입니다. 즉, 프로젝트 전체 일정은 임계 경로상의 활동 기간의 합으로 정해지며, 임계 경로상의 활동 중 하나라도 지연되면 그 기간만큼 프로젝트 일정이 지연됩니다.[222] 따라서, 이 임계 경로상의 활동을 집중적으로 관리하여 프로젝트 일정을 통제하는 것입니다. CPM은 활동 기간을 비교적 정확하게 예측할 수 있는 건설 프로젝트 등 중소 규모의 프로젝트 일정계획에 주로 사용합니다. 그러나 CPM은 활동 기간의 변동이 생길 수 있는 불확실성을 번영할 수 없으며, 경로가 여러 개 있을 때는 경로 상호 간의 영향성을 고려하기 어렵다는 점이 있습니다.

PERT는 기본 틀은 CPM과 유사하나, 활동 기간 추정에 확률개념을 반영한다는 점에서 CPM과 구분됩니다. 활동 기간은 낙관치(O), 최빈치(ML), 비관치(P) 3개의 값으로 예측하여 가중평균값을 사용합니다. 활동 기간의 평균은 (P+4*ML+O)/6로 산정하며, 활동 기간의 불확실

[그림 6-8. CPM 차트의 예[223]]

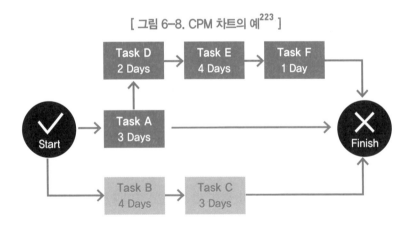

---

222 https://www.ecosys.net/knowledge/schduling-project-management-project-schduling/
223 https://asana.com/ko/resources/critical-path-method

성을 나타내는 표준편차는 (P-O)/6로 산정합니다. 임계 경로의 개념은 CPM과 동일하며, 프로젝트 전체 일정은 CPM의 방법에 확률 법칙을 적용하여 산정합니다. PERT는 주로 활동 기간을 정확하게 예측하기 어려운 연구개발 프로젝트의 일정계획에 주로 사용됩니다. 그러나 CPM과 마찬가지로 경로가 여러 개 있는 다중경로의 영향을 고려할 수 없습니다. 아울러 산업체에서 많이 사용하는 PERT/CPM 기법은 인력, 장비, 물리적 공간 및 재료 등 자원에 대한 제약을 고려하지 않습니다. 즉, 이론적으로는 전 활동이 완료되면 바로 후 활동을 진행할 수 있지만, 실제적으로는 자원의 제약이 있어 자원이 충분하지 않으면 후 활동을 바로 시작할 수 없어서 결국 일정이 계획보다 지연되는 경우가 발생합니다.[224]

[그림 6-9. PERT 차트의 예[225]]

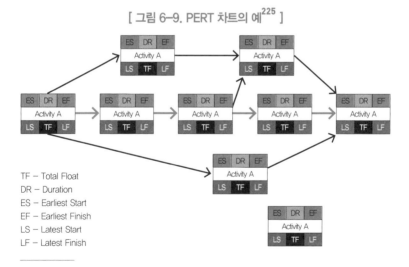

TF – Total Float
DR – Duration
ES – Earliest Start
EF – Earliest Finish
LS – Latest Start
LF – Latest Finish

224 이정훈, 김판술, 문일경 (2010), 다수 자원제약 하에서의 프로젝트 일정계획에 관한 연구, 대한산업공학회지, 36(4)

225 https://www.edrawmax.com/article/what-is-pert-chart.html

이에 따라 최근에는 자원의 제약을 고려하지 않고 각 활동의 순서와 관계만을 고려한 PERT/CPM 대신 제약이론(TOC; Theory Of Constraints)에 기반을 두고 시간의 종속성과 자원의 제약을 함께 고려한 CCPM(Critical Chain Project Management) 기법이 사용되기도 합니다.[226] CCPM은 임계 경로와 마찬가지로 임계 체인(Critical Chain)을 식별하고 자원제약을 고려한 적절한 크기의 버퍼를 임계 체인 마지막에 반영하여 프로젝트 일정을 총체적이고 현실적으로 만듭니다. CCPM은 각 활동의 완료에 초점을 맞추기보다는 프로젝트 진행 상황을 전체적으로 관리하는 데 사용하여, 일정계획의 도구로만이 아니라 전략적인 관리 방법으로 고려될 수 있습니다.[227] 실증연구로 공동주택 건설 프로젝트에서도 PERT/CPM 기법과 CCPM 기법을 비교 적용한 결과에서도 CCPM 기법을 이용한 쪽에서 공기 단축의 효과가 나타났습니다.[228] 항공 운항사의 안전과 수익에 영향을 미치는 민간 항공기의 정기 점검 및 검사에서도 간트 챠트, PERT/CPM에 비해 CCPM 기법을 적용한 결과 정비 점검 기간을 줄이는 것으로 나타났습니다.[229]

참고로, 시중에는 많은 프로젝트 관리 소프트웨어들이 판매되고

226 이건창, 신성철, 김수영 (2012), 조선사업에서의 CCPM기법 적용 방안에 대한 연구, 대한조선학회 학술대회자료집, 1329-1334

227 Al Nasseri, H.A., Widen, K. and Aulin, R (2016), A taxonomy of planning and scheduling methods to support their more efficient use in construction project management, Journal of Engineering, Design and Technology, 14(3)

228 하봉균, 양진국, 이상범 (2010), 공동주택 프로젝트 일정관리를 위한 CCPM 적용모델 개발, 대한건축학회 논문집 – 구조계, 26(3)

229 Kulkarni, A., Yadav, D.K., and Nikraz, H. (2017), Aircraft maintenance checks using critical chain project path, Aircraft Engineering ans Aerospace Technology, 89(6)

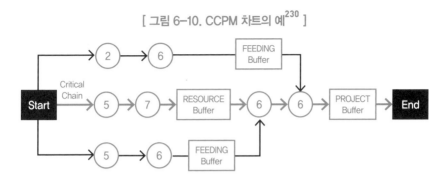

[그림 6-10. CCPM 차트의 예[230]]

있어 프로젝트팀의 일정계획 등의 업무를 지원합니다. 대표적으로 마이크로소프트사의 프로젝트(Mircosoft Project)는 네트워크 일정표와 간트 챠트를 작성할 수 있으며, 자원 관리에도 도움을 줍니다.

프로젝트 일정계획이 현실적이고 달성할 수 있는 실제적인 일정이 되기 위해서는 우선 CPM 및 PERT로 산정한 작업이 수행되는 순수 작업일에 휴일이나 공휴일 등을 반영한 달력 작업일로 변경하여야 합니다. 아울러, 프로젝트의 제약조건(시간, 예산 등)과 한정된 자원의 효율적 분배, 프로젝트 목표 달성의 리스크 등을 고려한 예비기간 등을 일정계획에 반영하여 최적화시키고 완성하여야 합니다.

그러나 현실적으로 프로젝트 종료일을 비롯하여 프로젝트의 중요한 행사 시점은 실제적인 일정을 계획하기 전에 이미 계약적으로 결정된 경우가 많이 있습니다. 즉, 경영층이나 고객이 정한 구체적인 목

---

230 https://activecollab.com/blog/project-management/critical-chain-project-management-
ccpm

표나 중요한 행사나 일정이 모두 시간 제약조건이 될 수 있습니다. 이에 따라 수립된 프로젝트 일정계획이 이러한 제약조건을 만족시키지 못하면 이 일정계획을 조정할 필요가 생깁니다. 프로젝트 일정을 단축하고자 할 때는 임계 경로에 집중하여야 하며, 단축 방법에는 활동 기간을 단축하는 방법과 활동 관계를 조정하는 방법으로 구분합니다.

프로젝트 활동 기간을 단축하는 방법인 크래싱(Crashing)은 활동에 추가적인 자원을 투입하여 수행 기간을 단축하는 방법입니다. 주로 자원투입에 따른 기간 단축 효과가 큰 활동을 우선적인 대상으로 합니다. 그러나 투입자원이 2배가 된다고 활동 기간을 반으로 줄일 수 없는 경우가 대부분입니다. 패스트 트래킹(Fast Tracking)은 활동 관계를 조정하여 수행 기간을 단축하는 방법입니다. 주로 순차적으로 진행되는 활동을 병행하여 진행하는 형태로 만듭니다. 그러나 작업이 복잡해져서 수정 및 재작업에 대한 리스크가 증가합니다. 실제적으로도 프로젝트 일정 단축을 위해서는 자원을 추가로 투입하거나, 작업시간을 늘리거나, 프로젝트 범위를 축소하거나, 일부 작업을 외주로 돌리거나, 프로젝트를 나누어 분리하여 수행하는 방법 등을 활용합니다.

프로젝트 일정계획 수립과 관련하여, 고려하여야 할 중요한 것이 바로 자원분석 및 평준화입니다. 자원은 프로젝트 일정계획의 현실성 및 예산과도 직접적인 관계가 있습니다. 일정계획에 따라 활동에 필요한 자원이 식별되고 종합되면, 이가 현실적인지를 검토하여 투입

자원을 효율적으로 배분하여 이를 다시 프로젝트 일정계획에 반영하여야 합니다. 이를 자원분석이라고 부르며, 소요 자원이 자원의 가용한 범위를 넘는 경우 이를 자원의 가용 범위에 맞추어 소요 자원을 고르게 하여 변동을 최소화하는 것을 자원 평준화라고 합니다. 자원 배분을 조정할 때는 해당 자원을 가장 필요로 하는 활동, 또는 프로젝트 일정의 지연을 최소화하는 활동, 즉 임계 경로상에 있는 활동에 먼저 배분하는 것이 바람직합니다. 이렇게 자원 평준화를 통해 투입자원을 일정한 수준으로 안정적으로 유지하면 자원 조달과 유지관리가 쉽고, 불필요한 비용의 지출도 방지할 수 있습니다. 반면, 자원 평준화를 하면 활동들의 선후 관계에 영향을 미칠 수 있으며, 임계 경로 역시 변경될 수 있으며, 당연히 프로젝트 통제와 관리가 어려워질 수 있습니다.

[그림 6-11. 자원 평준화]

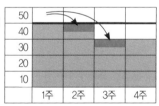

04
예산은
어떻게 산정할 것인가?

프로젝트 성공과 실패를 판단하는 중요한 기준 중의 하나가 프로젝트 원가라는 점에서 프로젝트 원가 관리에 필요한 기본적인 용어와 그 개념에 대해 이해할 필요가 있습니다. 프로젝트 원가 관리라고 하는 것은 프로젝트가 승인된 예산 내에서 완료될 수 있도록 관리하는 것으로, 예산 수립과 집행에 관한 내용을 담고 있습니다. 프로젝트 예산은 프로젝트 진행 여부를 결정할 수 있는 의사결정에 도움을 주며, 이해당사자들에게 언제 얼마나 많은 돈이 필요한지를 알려줄 수도 있습니다.[231] 그리고 기업이 여러 개의 프로젝트를 수행할 기회가 있지만 가용한 자원이 제한적일 경우에는 프로젝트 예산을 참조하여 의사결정을 할 수도 있습니다. 프로젝트 원가 관리를 통해 우리는 첫째, 현재까지 실제 비용이 얼마나 지출되었는지, 둘째, 예산과 비교하

---

231 https://www.aipm.com.au/blog/the-ultimate-guide-to-project-budgets

여 지출한 비용이 적절한지 또는 절감되었거나 증가하였는지, 셋째, 앞으로 완료할 때까지 비용이 얼마나 더 지출될 것인지를 파악하고자 함입니다. 이처럼 프로젝트 원가 관리를 통해서 예산을 초과할 가능성을 줄일 수 있습니다. 실제로 한 프로젝트 관리연구소 조사에서 응답자들은 최근 1년 이내에 수행한 프로젝트 중 62%만이 계획한 예산 범위 내에서 완료되었다고 하였습니다.[232]

프로젝트 원가 관리와 관련하여 자주 사용하는 용어의 개념을 살펴보겠습니다. 첫째, 수익과 비용입니다. 수익과 비용은 서로 반대되는 개념으로, 수익은 경제활동의 결과 유입된 가치이고, 비용은 경제활동의 결과 유출된 가치를 의미합니다. 수익과 비용의 차이가 순이익이 됩니다. 둘째, 가격과 원가입니다. 가격은 거래 관계에서 공급자가 제공하는 제품 또는 서비스를 획득하는 대가로 구매자가 공급자에게 지급하는 화폐의 크기입니다. 원가는 공급자가 제공하는 제품 또는 서비스를 생산하기 위해 공급자가 사용한 자원의 경제 가치로 공급자의 생산 능력에 의해 결정됩니다. 가격과 원가의 차이가 제품당 이윤이 됩니다.

원가는 직접비와 간접비로 구분합니다. 직접비는 제품 또는 서비스를 생산하기 위해 직접 사용한 것으로 여겨지는 비용을 말합니다. 직접비는 다시 직접재료비, 직접노무비, 직접경비로 구분합니다. 간

---

232 https://asana.com/ko/resources/project-budget

[그림 6-12. 원가 구조]

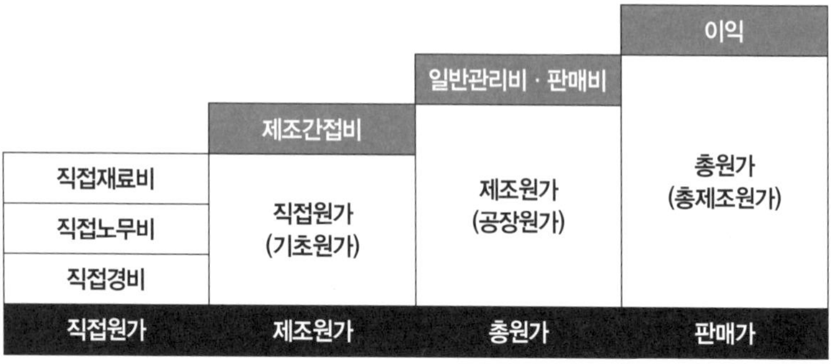

직접재료비	제조간접비	일반관리비 · 판매비	이익
직접노무비	직접원가 (기초원가)	제조원가 (공장원가)	총원가 (총제조원가)
직접경비			
직접원가	**제조원가**	**총원가**	**판매가**

접비는 제품 또는 서비스를 생산하기 위해 사용한 비용 중에서 직접비를 제외한 비용으로, 생산에 직접 관련되지 않은 비용을 말합니다. 간접비도 간접재료비, 간접노무비, 간접경비로 구분합니다. 원가를 고정원가와 변동원가로 구분하기도 하는데, 고정원가는 생산량과 무관하게 발생하는 원가를 말하며, 고정비라고도 합니다. 변동원가는 생산량에 비례하여 발생하는 원가를 말하며, 변동비라고도 합니다.

원가와 관련하여 학습효과 곡선도 이해하여야 합니다. 학습효과 곡선이란 생산량이 증가함에 따라 생산성이 향상되는 효과를 나타내는 곡선입니다. 즉, 학습효과로 인하여 생산량이 증가할수록 단위 제품당 원가는 점차 감소하게 된다는 것입니다. 학습효과는 변동원가에 영향을 줍니다.

기타 원가와 관련한 사항으로, 기회비용이 있습니다. 기회비용은 대안 중 하나의 선택을 함으로써 포기한 다른 대안을 통해 얻을 수 있는 가치를 말합니다. 즉, 프로젝트에 투자할 돈을 은행에 예금하였다면 이자를 받을 수 있는데, 프로젝트 투자로 발생한 이익이 은행예금에 따른 이자보다 작다면, 비교 우위 측면에서 그 프로젝트는 경제성이 없는 것으로 평가하는 것입니다. 또한, 매몰 비용이 있습니다. 매몰 비용은 이미 발생하였기 때문에 회수할 수 없는 비용을 말합니다. 예를 들어, 이미 운영비가 들어가고 있는 장비를 사용하는 프로젝트를 고려할 때는 이미 발생한 장비 운영비를 매몰 비용으로 처리하여 프로젝트 비용에 포함하지 않는 것입니다.

그리고 감가상각도 있습니다. 감가상각은 획득한 자산의 가치가 시간이 지남에 따라 감소하는 것을 금액으로 환산한 개념입니다. 감가상각하는 방법에는 정액법과 정률법이 있습니다. 정액법은 기간마다 일정 금액을 감가상각하는 방법이며, 정률법은 기간마다 일정 비율을 감가상각하는 방법입니다. 일반적으로는 정액법으로 감가상각을 많이 사용하고 있습니다.

또한, 마케팅에서 고객 가치와 연계하여 언급한 제품의 수명주기 동안 지출되는 총소유비용(TCO)도 있습니다. TCO는 획득 비용, 운영 비용, 폐기 비용으로 구분합니다.

프로젝트가 승인된 예산 내에서 완료될 수 있도록 관리하는 프로젝트 원가 관리는 자원 계획, 원가 산정, 예산 수립, 예산 통제로 구분할 수 있습니다. 여기에서는 예산계획의 범위 안에 자원 계획, 원가 산정 및 예산 수립을 포함합니다.

자원 계획은 예산계획 수립을 위한 첫 단계로 활동과 자원의 관계를 규정하는 작업입니다. 즉, 자원 계획은 프로젝트에 필요한 물리적인 자원(사람, 장비, 원자재 등)이 무엇인지, 그리고 각각의 자원들이 사용되어야 할 양이 얼마인지, 프로젝트 활동 수행을 위해 그러한 자원들이 필요한 때가 언제인지를 결정하는 것입니다. 시간도 넓은 의미에서 자원으로 볼 수 있으므로 자원 계획은 활동 수행 기간과 밀접한 관계가 있습니다. 또한, 자원 계획과 활동 수행 기간 추정의 결과는 활동 원가 산정을 위한 정보로 사용됩니다. 자원 계획, 활동 수행 기간 추정과 원가 산정 등에 사용되는 중요한 문서로 '자원 요구도'가 있습니다. 이는 WBS를 이용하여 각각의 활동 혹은 작업 패키지를 수행하는 데 필요한 자원의 종류와 수량, 투입 시기 등의 자원 정보를 문서로 만든 것입니다. 프로젝트 정보 중 자원과 관련되는 정보로는 '자원 요구도' 외에도 자원 풀(Pool), 자원 능력, 자원 단가 등이 있습니다. 자원 풀은 실제 프로젝트에 투입할 수 있는 조직 내부 또는 조직 외부의 가용 자원에 대한 정보를 문서로 만든 것입니다. 자원 능력은 자원의 종류에 따라 생산성에 영향을 주는 능력으로, 인적 자원의 역량이나 장비의 성능이 이에 해당합니다. 자원 단가는 자원의 원가를 계산하는 데 쓰이는 자원의 단위원가를 의미합니다. 예를 들면 인적 자원의 경우에는 인건비로 시간당 단가를 적용합니다.

원가 산정은 프로젝트 활동을 완료하는데 필요한 자원의 대략적인 원가를 계산하는 것으로, 자원별 원가 산정은 기본적으로 물량에 단가를 곱하여 구할 수 있습니다. 그러나 원가 산정에는 정보의 부재 또는 정보의 불확실성으로 인하여 여유분을 포함하여야 합니다. 원가 산정을 하는 방법에는 상향식 산정, 하향식 산정, 유사 산정, 매개변수 모델 산정 등이 있습니다. 상향식 산정은 프로젝트 원가를 계산하는 가장 정확한 방법입니다. 이 방법은 이미 알고 있는 프로젝트의 WBS를 이용하여 개별 작업 단위별로 원가를 계산하고, 상위단계로 합해서 전체 원가를 계산하는 것으로 가장 정확하게 원가를 계산할 수 있습니다. 그러나 활동과 자원에 대한 상세한 입력자료가 필요하며, 큰 노력과 시간이 필요하다는 단점이 있습니다. 실제 조사에서도 프로젝트 착수 이후 상세 WBS가 구성되는 경우가 71%에 달해 상향식 산정 방법은 이상적일 수 있습니다.[233] 하향식 산정은 확정된 프로젝트 예산을 개별 작업 단위별에 나누어 할당하는 방법으로, 상향식과는 반대되는 산정 방법입니다. 주로 예산이 책정된 고정 가격 프로젝트에서 사용합니다. 경영진은 프로젝트 예산을 결정하기 위해 과거 실적, 관련 예산, 현재 경제 상황 등을 고려할 수 있습니다. 그러나 프로젝트 결과물에 대한 견적의 정확성을 담보할 수 없을 때 이 하향식 산정 방법은 리스크가 있습니다.

노력과 시간 측면에서 더 효율적인 계산 방법으로는 유사 산정과 매개변수 모델이 있습니다. 유사 산정은 과거에 수행한 유사한 프로젝트의 자료를 이용하여 경험과 지식을 갖춘 전문가가 원가를 산정하는 방법입니다.[234] 이 방법은 노력이 적게 들지만, 다른 방법에 비해

233 https://www.forecast.app/blog/how-to-creat-a-project-budget
234 https://www.projectmanager.com/training/creat-and-manage-project-budget

정확도가 떨어지기 때문에 착수단계에 사용되며 활동별 비용을 알 수 없다는 단점이 있습니다. 유사 산정이 전문가 개인의 경험과 지식에 근거한 판단에 의한 것이라면, 매개변수 모델은 과거의 풍부한 실적 정보를 수학적으로 분석하여 계산하는 방법입니다. 예를 들어, 아파트 건설 견적을 '평당 공사비 X 면적'으로 계산하는 경우가 이에 해당합니다. 단, 정확도를 확보하기 위해서는 통계적으로 충분히 계량화할 수 있는 변수를 확보할 수 있어야 하며, 모델의 규모에 따라 신뢰도를 검토하여야 합니다. 기타 프로젝트 예산 산정에 최선의 원가 및 최악의 원가 시나리오를 함께 고려하여 산정하는 3점 추정 방식도 있는데, 이는 프로젝트와 관련된 리스크를 구체적으로 고려하기 때문에 유용할 수도 있습니다.[235]

프로젝트 단계별 원가 산정의 목적 및 방법과 그 정확도는 다음과 같이 구분할 수 있습니다.

[표 6-3. 프로젝트 단계별 원가산정 방법 및 정확도]

적용 시기	목적 및 산정방법	정확도에 따른 구분
착수 단계	– 프로젝트 평가·선택 – 유사산정	개략 산정 (-25%~75%)
계획 초기	– 예비 예산 수립 – 매개변수 모델	예산 산정 (-10%~25%)
계획 승인	– 예산 수립 – 상향식 산정	최종 산정 (-5%~10%)

---

235 https://www.clearpointstrategy.com/project-budget-management/

예산계획은 위와 같은 방법으로 산정한 모든 원가를 일정상의 개별 활동 또는 작업 패키지에 배분하는 예산 편성을 종합하여 전체 프로젝트 예산을 수립합니다. 이 예산계획은 프로젝트를 원가 측면에서 성과를 측정하기 위한 것으로, 프로젝트 계획의 핵심 문서가 됩니다. 프로젝트 일정상의 개별 활동 또는 작업 패키지에 예산을 할당한 결과를 도식화한 것이 누적 예산 곡선으로, 이는 원가에 대한 성과 기준으로 활용할 수 있습니다. 누적 예산 곡선은 특정 시점에서의 계획된 예산의 규모를 알 수 있습니다. 누적 예산 곡선의 최댓값은 프로젝트에 배정된 총예산으로 프로젝트 완료 시점에 나타납니다. 누적 예산 곡선의 총예산은 프로젝트의 예산 목표이자 성과 기준이 됩니다.

앞에서도 언급하였듯이 프로젝트 대부분은 계획한 예산보다 원가가 증가하는 예상하지 못한 일이 발생합니다. 어떤 활동에서 얼마나 큰 원가가 발생할지는 예측할 수 없지만, 이 중 일부는 반드시 발생할 것이라고 보는 것이 타당합니다.[236] 따라서, 프로젝트 예산에는 프로젝트 원가 산정의 불확실성을 고려한 여유분을 포함하여야 합니다. 원가 여유분, 즉 예비비의 규모는 리스크 분석을 통하여 산정합니다. 국내 연구에 따르면, 프로젝트와 관련한 리스크 요소를 분류하고 비용을 산출하는 예비비 산정(ERA; Estimating using Risk Analysis)이 리스크 분석을 진행하지 않은 예비비보다 그 편차가 적었습니다. 프로젝트 기법을 가장 많이 적용하는 건설 공사에서는 일반적으로 5~10%의 예

---

236 https://opentextbc.ca/projectmanagement/chapter/chapter-12-budget-planning-project-management/

비비를 산정합니다. [237,238]

　이상과 같이 프로젝트 예산계획 수립과 관련, 프로젝트 계약 금액, 프로젝트 예산, 예비비, 프로젝트 원가에 대한 곡선을 종합적으로 도식화하면 다음의 그림과 같습니다. [239]

[그림 6-13. 프로젝트 원가 곡선]

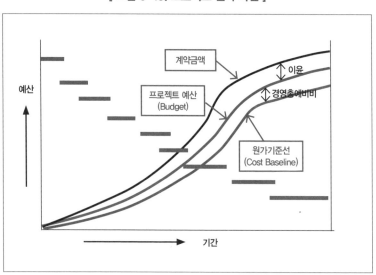

237　이만희, 이학기 (2002), 국내 건설사업에서의 공사예비비 적용 및 도입방안, 대한건축학회 학술발표대회논문집 - 구조계, 22(2)
238　김선규 (2002), 위험대응 비용을 기준한 건설공사 비상예비비 산정 방법, 대한건축학회 학술발표대회 논문집 - 구조계, 22(1)
239　http://contents.kocw.net/KOCW/document/2015/hanyang_erica/kangchangwook2/6-2.pdf

리스크는
어떻게 관리할 것인가?

　프로젝트 리스크란 발생이 불확실한 사건들로서 발생한다면 프로젝트의 비용, 일정 및 성능 등의 목표 달성에 영향을 미치는 것으로 정의할 수 있습니다. 리스크를 상세히 부연한다면, 첫째, 리스크는 발생하지 않은 미래의 사건 혹은 상황입니다. 따라서, 리스크 자체가 문제가 아니라, 리스크로 인식된 잠재적 사건이 실제로 발생하면 비로소 문제가 되는 것입니다. 둘째, 리스크는 불확실성에서 비롯됩니다. 어떤 사건이 확실히 발생할 것으로 판단되거나 혹은 발생하지 않는다면 그 사건은 리스크라고 할 수 없습니다. 셋째, 리스크는 긍정적인 불확실성, 즉 기회도 포함하는 개념입니다. 따라서 리스크는 단순히 부정적인 위험과 구분되어야 합니다. 프로젝트에서 발생하는 가장 일반적인 리스크는, 프로젝트의 범위를 명확히 정의하지 않아 발생하는 범위 변경, 프로젝트 성과가 초기에 계획한 만큼 나타나지 않는 낮은 성과, 프로젝트 초기에 설정한 예산을 초과하는 높은 원가,

프로젝트의 세부 작업을 완료하는데 예상보다 오랜 시일이 소요 되는 시간 부족, 프로젝트를 완료할 충분한 자원이 없을 때 발생하는 자원 부족, 프로젝트팀의 역할과 업무 절차의 변경, 관리자 변경 등과 같은 운용상의 변경, 이해관계자와의 의사소통에 오류가 생기고 이에 따라 범위, 일정 등에 문제가 생길 수 있는 명확성 부족 등이 있습니다.[240]

리스크를 구성하는 요소는 리스크를 설명하는 사건, 원인, 확률, 결과 혹은 영향으로 구분할 수 있습니다. 원인은 리스크의 원천으로서 리스크를 일으키는 상황을 의미합니다. 리스크의 발생 가능성은 확률로 나타낼 수 있고, 리스크가 발생하였을 때 프로젝트 성과에 미치는 이로움이나 해로움 정도는 영향으로 나타낼 수 있습니다. 즉, 리스크의 크기는 확률과 영향의 결합으로 나타낼 수 있습니다.

리스크를 관리한다는 것은 리스크를 식별하고 분석하여 대응하는 체계적인 프로세스를 말하는데 부정적 사건의 확률과 영향을 최소화하고, 긍정적 사건의 확률과 영향을 극대화하려고 노력하는 것이라고 할 수 있습니다. 리스크는 '알려진 리스크(Known risk)'와 '알려지지 않은 리스크(Unknown risk)'로 구분할 수 있습니다. 알려진 리스크란 리스크의 구성 요소에 대해 파악된 리스크를 말하며, 알려지지 않은 리스크는 발생을 전혀 예상할 수 없었던 리스크를 말합니다. 리스크 관

240 https://asana.com/ko/resources/project-risks

리 측면에서 알려진 리스크에 대해서는 리스크 대응계획이 수립될 수 있지만, 알려지지 않은 리스크에 대해서는 대응계획을 수립할 수 없습니다. 따라서, 리스크 관리에서 중요한 것은 가능한 많은 리스크를 식별하여 알려지지 않은 리스크를 줄이는 것입니다, 리스크 관리 측면에서는 리스크란 프로젝트 계획 속에 내재하는 불확실성으로 감시하고 통제할 수 있는 것으로, 프로젝트 관리 과정의 일부입니다. 리스크 관리에서는 모든 리스크를 다 관리할 수 없으므로 발생 확률이 높고 영향력이 큰 리스크에 초점을 두어야 합니다.

리스크 관리 계획은 리스크 관리에 대한 전반적인 계획을 프로젝트 계획을 수립하는 단계에서 함께 수립하는 것이 가장 이상적입니다.[241] 미국 정부 기관에서는 모든 프로젝트에 대하여 리스크 관리 계획을 포함한 프로젝트 관리 계획을 수립하도록 의무화하고 있습니다.[242] 리스크 관리 계획은 리스크 식별, 리스크 평가, 리스크 대응방안 수립 등으로 구성됩니다.

첫째, 리스크 식별은 리스크를 찾아내고, 식별된 각 리스크 정보를 문서로 만드는 과정으로 본격적인 리스크 관리의 시작입니다. 식별되지 않은 리스크는 관리될 수 없습니다. 문서화되는 리스크 정보에는 리스크에 대한 설명, 리스크 원인, 징후 등이 포함됩니다. 리스크

---

241 https://asana.com/ko/resources/project-risk-management-process
242 유재균, 김동희, 문대섭 외 1명 (2019), 비용-위험 평가모형을 이용한 확률적 예비비 도입방안 연구, 한국철도학회 논문집, 22(2), pp. 178-187

식별은 프로젝트팀 전체뿐만 아니라 조직 내·외의 전문가들 모두가 참여하는 작업으로, 리스크 식별의 책임은 이들 모두에게 있습니다. 리스크 식별은 착수 및 계획 단계에서 처음으로 수행되지만, 프로젝트가 진행되는 동안에도 지속적으로 이루어져야 합니다. 즉, 리스크 식별은 프로젝트 전 생애에 걸쳐 지속적으로 실시되는 과정입니다. 단, 대부분의 리스크는 계획 단계에서 식별되어야 합니다. 리스크 정보에 포함되는 징후란 리스크가 발생하기에 앞서서 나타나는 예비 증상을 말합니다. 예를 들어, 일정의 중간 일정이 지연되었다면, 프로젝트 종결일도 지연될 가능성이 더 커졌다고 판단할 수 있는데, 이때 '중간 일정의 지연'이라는 사건은 '프로젝트 종결 지연'이라는 리스크의 징후가 된다고 할 수 있습니다. 발생 가능한 리스크의 원천을 파악하기 쉽도록 프로젝트 리스크의 일반적인 유형인 기술, 범위, 비용, 일정, 성능, 고객과 시장, 외부 환경 등의 범주로 구분하여 찾을 수 있습니다. 또는 대형 건설 공사에서 리스크 요인을 체계적으로 정리한 다음의 표를 참조할 수 있습니다.

둘째, 리스크 평가는 리스크의 발생 확률, 영향, 시급성 등을 기준

[표 6-4. 리스크 요인]

구분	리스크 요인
외부 리스크 (8개)	정치 상황, 경제/시장 상황, 법규/사양 규정, 물가 변동, 환경 문제, 날씨, 민원, 천재지변
내부 리스크 (13개)	고객 간섭, 계약 조항, 계약 변경, 설계 변경, 설계 오류/누락, 공사 범위, 공기 지연, 자재납품 지연, 인력 및 장비 수급, 노동 생산성, 안전관리, 산업재해, 현장 여건

으로 등급을 매기고 프로젝트 전체의 리스크를 이해하는 것입니다. 리스크를 평가하는 방법에는 정성적 방법과 정량적 방법이 있습니다. 정성적 방법은 리스크를 정성적으로 평가하여 등급화, 서열화합니다. 정성적 평가의 특징은 전문가의 판단에 의한 방법으로, 리스크를 확률과 영향으로 구분하여 평가하는데, 확률과 영향을 '고', '중', '저' 등으로 등급화합니다. 그리고 분석 결과를 확률-영향 그래프 등으로 나타냅니다. 이러한 그래프를 이용하면 리스크의 심각성 또는 중요도를 쉽게 판단할 수 있어서, 우선하여 관리하여야 할 '중'이상의 리스크를 쉽게 파악할 수 있습니다.[243]

리스크를 평가하는 정량적 방법은 리스크에 대한 영향과 발생 확률을 수치로 계산하는 방법으로, 정량적 리스크 평가는 독립적으로 수행되기도 하지만 보통은 정성적 분석과 병행하거나 보완적으로 수

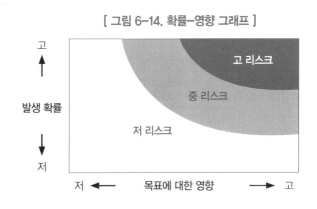

[그림 6-14. 확률-영향 그래프]

243 한선아, 전종선, 안선응 (2015), 프로젝트 리스크 관리를 위한 신뢰도 기반의 함수 기반 수리 모형 개발, 한국 SCM 학회지, 15(1)

행합니다. 가장 기본이 되는 정성적 평가 방법에는 '기대값' 방법이 있는데, 이는 프로젝트 목표에 대한 영향을 화폐가치로 평가하여 리스크 발생 확률을 곱한 값입니다.

셋째, 리스크 대응방안 수립은 리스크별로 리스크 책임자를 선정하여 대응방안을 수립하고 이를 실행하며 감시와 통제 활동을 수행하는 것입니다. 리스크 대응방안은 리스크가 발생하기 이전에 발생할 상황에 대비하여 조치 방법과 절차를 미리 수립하는 것으로, 대응방안을 수립하면 리스크가 발생하더라도 프로젝트에 대한 영향을 효율적으로 줄일 수 있습니다. 리스크 대응방안으로는 아래의 표와 같이 '회피', '전가', '완화', '수용'으로 구분할 수 있습니다.

[표 6-5. 리스크 대응 방법]

회피	– '계획을 변경하여' 리스크의 원인을 제거함. ※ 예 : 리스크가 많은 신기술을 적용 경험이 많은 기존기술로 변경함.
전가	– 리스크 대응 책임과 리스크 영향을 제삼자에게 넘김. – 추가적인 비용을 지급해야 함. ※ 예 : 보험, 외주처리, 실행보증금 등
완화	– '추가적인 활동'을 통해 리스크의 발생 확률 혹은 영향을 낮춤. ※ 예 : 업무 역량 증진을 위한 직원 교육을 시행함.
수용	– 리스크 대응과 관련한 별도의 대응을 하지 않음. ※ 예 : 리스크 발생 시 대응방안을 수립하거나, 예비비/예비기간을 계획에 반영함.

위와 같은 리스크 관리 계획은 다음과 같이 리스크 관리 대장으로 문서화하여 관리할 수 있습니다. 이 자료는 향후 프로젝트 실행 단계에서 리스크 관리 감독 및 통제를 위한 자료로도 활용될 수 있습니다.

[표 6-6. 리스크 관리 대장]

리스크	발생 확률	영향성	담당자	대응 계획
설비 고장	저	고	김영필	다른 공장에 있는 유사 장비 활용
생산 지연	고	중	이현수	재고 유지, 2교대 작업
선적 지연	중	고	심동규	타 선사 수배, 항공 선적
예기치 않은 생산 비용	중	저	박승진	예비비 활용
:	:	:	:	:

국내 SW 기업을 대상으로 한 연구에서도 프로젝트 리스크 관리 계획 수립 없이 리스크 발생 후 대응 방안을 실행한 결과 비용 측면에서 12%가 증가하였지만, 미리 리스크 관리 계획을 세운 후 발생한 리스크에 대해 대응 방안을 실행한 결과 비용이 단지 4% 증가에 그쳐, 리스크 관리에서의 리스크 식별, 평가 및 대응 방안 수립의 중요성을 확인할 수 있었습니다.[244]

---

244 박종모, 시정희, 이상은 (2011). 프로젝트 리스크관리의 프로세스 개선사례. 한국정보과학회 학술발표논문집, 38(1B)

06
프로젝트 계획 수립을
어떻게 확인할 것인가?

우리는 위에서 프로젝트 목표 달성을 위해 필수적인 범위, 일정, 예산, 리스크 관리 등에 대한 계획 수립에 대해 살펴보았습니다. 이러한 계획 외에도 '[표 5-1] 프로젝트 관리에 필요한 지식 영역 10개 분야'에서 언급한 것과 같이

- 프로젝트 산출물에 대한 품질 요구사항과 기준을 식별하고 프로젝트에서 이것을 어떻게 충족할지 그 방법을 수립하고 문서화하는 품질관리 계획,

- 프로젝트에 필요한 지식과 기술과 경험을 보유한 인력을 선발하여 팀을 조직하고, 팀 구성원 전체가 밀접하게 유기적으로 활동할 수 있도록 구성하고, 각각의 팀과 그 구성원들인 개인들을 효율적으로 활용하기 위한 동기부여 및 갈등 관리 등에 관한 인적자원 계획,

- 프로젝트의 제반 활동에 대한 정보의 생성, 수집, 배포, 저장, 검

색 그리고 최종처리가 적시에 적절히 수행되도록 관리하는 의사
소통 계획,

- 프로젝트 산출물이나 활동 중 제작-구매 분석을 통한 외부 조달
  항목 선정, 계약 종류, 작업 기술서, 공급자 선정 등에 관한 조달
  계획 등을 추가로 정리할 수도 있습니다.

그러나 많은 기업에서는 이러한 품질관리, 인적 자원 관리, 조달관
리 등은 전문성을 지닌 부서에서 처리하는 경우가 많으므로, 이에 대
한 계획은 각 해당 부서의 전문가와 협의하여 수립하는 것이 좋을 것
으로 생각하여 이 책에서는 상세한 내용을 언급하지 않습니다.

우리가 위에서 언급한 프로젝트 계획 수립에 관한 내용을 종합적
으로 정리하고, 계획의 수립 정도를 점검하기 위해 다음과 같은 체크
리스트를 활용할 수 있습니다. 특히 프로젝트 책임자인 PM은 이 체크
리스트를 활용하여 프로젝트팀을 이끌고, 계획에 따른 프로젝트 진행
을 점검하고 통제할 수 있습니다. 이 체크리스트에서는 의사소통, 품
질, 인적 자원 및 조달 등에 대한 계획 점검도 할 수 있도록 함께 포함
하였으니 참고 바랍니다.

[표 6-7. 프로젝트 계획 수립 체크리스트]

1. 통합 계획

번호	질문	예	아니요	보완	비고
1	PM의 역량은 충분한가?				
2	PM은 경영진으로부터 충분한 후원을 받고 있는가?				
3	프로젝트 이해관계자와 이들의 영향력 및 프로젝트 기대치는 식별되었는가?				
4	프로젝트 이해관계자들에 대한 보고, 정보 교류 등 의사소통 계획이 수립되었는가?				
5	프로젝트 헌장이 경영진의 승인을 받아 이해관계자와 공유되었는가?				
6	프로젝트 수행을 위한 전담팀을 구성하였는가?				
7	프로젝트팀원의 역할 및 책임, 보고 체계, 문서화 방안 등을 구성하였는가?				

2. 범위 계획

번호	질문	예	아니요	보완	비고
8	프로젝트의 최종 산출물을 정확히 정의하였는가?				
9	프로젝트의 제반 산출물을 포함하는 범위 기술서가 작성되었는가?				
10	프로젝트 범위에 대해 고객과 경영진의 승인을 받았는가?				
11	프로젝트 범위 변경에 대한 통제 절차를 마련하였는가?				
12	프로젝트 범위를 계층적으로 하위 구성 요소로 구조화한 WBS 체계를 작성하였는가?				
13	WBS 체계에는 식별 코드, 작업 명칭, 상세 설명, 결과물, 담당자, 소요 일정, 필요한 자원 등이 기록되어 있는가?				

3. 일정 계획

번호	질문	예	아니요	보완	비고
14	WBS에 따른 산출물을 만들기 위한 활동을 식별하였는가?				
15	활동 간의 논리적 선후 관계를 식별하여 활동 순서를 배열하였는가?				
16	각 활동을 수행하는데 필요한 자원 및 사용량, 사용 가능 시기 등을 식별하였는가?				
17	활동 기간 산정을 통해 각 활동을 완료하는데 필요한 작업시간을 산정하였는가?				
18	각 활동을 종합하여 전체 일정을 수립하였는가?				
19	예기치 못한 상황에 대비한 예비 일정을 반영하였는가?				
20	일정을 조정하고 관리하는 일정 통제 계획을 수립하였는가?				
21	전체 일정에서 임계 경로를 식별하였는가?				
22	일정 단축을 위한 방안을 검토하였는가?				
23	프로젝트 일정계획의 현실성을 확인하기 위한 자원분석과 평준화를 실시하였는가?				

4. 예산 계획

번호	질문	예	아니요	보완	비고
24	WBS를 이용하여 각각의 활동 혹은 작업 패키지를 수행하는데 필요한 자원의 종류와 수량, 투입 시기 등을 정리한 자원 요구도를 작성하였는가?				
25	자원 풀(Pool), 자원 능력, 자원 단가 등에 대한 정보도 식별되었는가?				
26	원가 산정 방식은 결정하였는가?				
27	원가 계산 또는 예산 배분을 통하여 예산계획을 수립하였는가?				
28	프로젝트 예산에 포함되는 예비비를 반영하였는가?				
29	프로젝트 누적예산 곡선을 작성하였는가?				

5. 리스크 관리 계획

번호	질문	예	아니요	보완	비고
30	리스크에 대한 설명, 원인, 징후 등을 식별하여 문서화하였는가?				
31	리스크의 발생 확률, 영향, 시급성 등을 기준으로 등급을 매기는 리스크 평가를 하였는가?				
32	리스크의 정성적 평가를 통하여 확률-영향 그래프를 그려 보았는가?				
33	리스크의 정량적 평가를 기댓값을 산정해 보았는가?				
34	평가한 리스크에 대한 책임자를 선정하여 대응방안을 수립하였는가?				
35	리스크 관리를 위한 리스크 관리 대장을 작성하였는가?				

6. 기타

번호	질문	예	아니요	보완	비고
36	프로젝트 관련 품질기준을 식별하고 품질기준 충족을 위한 방법을 결정하였는가?				
37	품질보증 활동을 계획하였는가?				
38	프로젝트 성과를 개선하고 팀원들의 역량과 협력을 향상할 수 있는 교육 훈련계획을 수립하였는가?				
39	조달품목 및 조달 시기와 방법을 결정하는 조달관리계획을 수립하였는가?				
40	조달품목에 대한 작업 기술서를 작성하고, 공급선 선정을 위한 구매 절차를 수립하였는가?				
41	프로젝트 성공을 판별하기 위한 기준이 설정되었는가?				

6장. 프로젝트 계획

- 프로젝트 계획은 프로젝트의 목표에 따른 요구도와 산출물을 정의하고, 목표 달성을 위한 구체적인 범위, 일정, 예산 및 리스크 등을 체계적으로 관리하는 것으로, 프로젝트 관리에서 가장 중요한 부분입니다.

- 프로젝트 범위는 프로젝트를 성공적으로 완료하기 위해 요구되는 업무 범위로, 그 범위는 구체적이고 명확하여야 합니다. 프로젝트 범위를 명확히 규정하기 위해서는 요구사항 수집, 범위 정의, WBS 작성, 범위 검증, 범위 통제를 포함합니다.

- 프로젝트 목표를 달성하고 필요한 산출물을 생성하기 위해 수행하여야 할 작업을 작은 단위로 체계적으로 나누어 계층적으로 구성한 WBS는 프로젝트의 범위를 누락이나 중복 없이 명확하게 관리할 수 있는 도구로 프로젝트의 성공을 이끕니다.

- 프로젝트를 계획한 일정에 종결하기 위해서는 각 작업과 활동들을 체계적으로 연결하고 일정을 관리하는 것이 중요합니다. 일정계획 도구로는 네트워크 일정표, 간트 차트, 일정표 등이 있으며, 일정계획 수립 및 관리방법에는 CPM과 PERT가 있습니다.

- 프로젝트가 승인된 예산 내에서 완료될 수 있도록 관리하는 프로젝트 원가관리는 자원 계획, 원가산정, 예산 수립, 예산 통제로 구분합니다. 프로젝트 일정상의 개별 활동 또는 작업 패키지에 예산을 할당한 결과를 도식화한 것이 누적예산 곡선으로, 이를 특정 시점에서 계획된 예산의 규모 대비 지출한 원가에 대한 성과 기준으로 활용할 수 있습니다.

- 발생이 불확실하지만 발생하면 프로젝트의 원가, 일정 및 성능 등의 목표달성에 영향을 미치는 프로젝트 리스크는 프로젝트 계획을 수립하는 단계에서 리스크 관리 계획을 수립하는 것이 필요합니다. 리스크 관리 계획은 리스크 식별, 리스크 평가, 리스크 대응방안 수립 등으로 구성됩니다.

- 프로젝트 계획 수립에 관한 내용을 종합적으로 정리하고, 계획의 수립 정도를 점검하기 위해 체크리스트를 작성하여 활용할 수 있습니다.

BUSINESS MARKETING & PROJECT MANAGEMENT

프로젝트 실행, 통제 및 종결

프로젝트 목표 달성을 위해 범위, 일정, 예산 및 리스크 등에 대한 계획을 수립하면, 이 계획을 바탕으로 각 해당 부분의 전문가로 구성된 프로젝트팀원들에게 작업을 할당하고 목표로 한 산출물을 생성하기 위한 실제 업무를 수행합니다. 이 과정에서 PM은 프로젝트팀원을 리드하여 비전을 공유하고 동기부여 하며, 프로젝트 관리 도구와 기법을 활용하여 프로젝트에 대한 진행이 프로젝트 목표와 일치하여 계획대로 진행되고 있는지를 주기적으로 감독합니다. 또한, 변경 및 차질이 발생할 때 이의 영향성을 최소화하기 위해 신속한 대응을 조치합니다.

PM은 실행 및 통제 과정을 통하여 완성된 산출물을 고객에게 전달하고, 프로젝트팀원들과 프로젝트가 완벽하게 완료되었는지를 점검하고 완료 보고서를 작성하여 향후 프로젝트에 참조할 수 있도록 하며 해당 프로젝트를 마무리합니다.

이에 따라, 7장에서는 프로젝트를 실행하고 마무리하는 절차에 대하여 프로젝트 실행에 대한 이해와 PM의 리더십을 확인합니다. 또한 프로젝트 실행 중 계획과 실적을 일치시키기 위하여 노력을 확인하며, 산출물을 고객에게 납품하고 프로젝트를 성공적으로 마무리하는 방법을 알아봅니다.

01

프로젝트를
어떻게 실행하는가?

프로젝트 실행은 계획 단계에서 수립된 프로젝트 계획을 각 프로젝트 담당자가 범위 기술서를 기준으로 작업을 수행하여 고객을 포함한 이해관계자를 위한 제품 또는 서비스를 생산하는 단계입니다.[245] 프로젝트의 전체 수행 기간과 프로젝트 예산의 대부분은 실행 단계에서 집행됩니다. 또한, 가장 많은 인적 자원이 투입되어 구체적인 성과를 내는 단계도 실행 단계입니다. 따라서 실행은 프로젝트의 성공에 직접적인 영향을 끼친다고 할 수 있습니다. 실행의 성과를 결정하는 요인은 '구체적이고 실현할 수 있는 계획의 수립'과 '실행과 계획의 차이를 줄이는 통제기능'에서 찾을 수 있습니다.[246]

프로젝트를 직접 수행하는 프로젝트팀원은 사내 직원, 공급선 또

---

245 https://www.indeed.com/career-advice/career-develoment/project-implementation
246 김병철 (2010), 『프로젝트 관리의 이해』, 2판 3쇄, 도서출판 세화.

는 외부 컨설턴트가 포함될 수 있으며, 이들은 전일제 또는 시간제로 프로젝트에 참여할 수 있습니다. PM은 프로젝트팀원의 경험 및 능력을 바탕으로 업무를 위임하며, 대규모 프로젝트에서는 기능팀 리더가 팀원을 감독할 수도 있습니다. 프로젝트팀원의 역할은 프로젝트마다 다를 수 있으나, 공통적으로는 요구도에 따라 전문지식을 제공하여 전체 프로젝트 목표 달성에 기여하며, 직접 활동으로 예산과 일정 내에 할당받은 개별 작업을 완료하고, 프로젝트팀 내에서 의사소통 및 협업을 하며, 프로젝트 진행 및 완료 관련 사항을 문서화합니다.[247]

프로젝트는 PM 혼자서 수행할 수 없으므로 함께 작업할 팀원을 잘 선발하고 배치하여야 프로젝트 성공을 이끌 수 있습니다. 해당 작업에 전문지식과 경험을 갖춘 팀원을 선택할 수 있지만 다른 팀원들과의 협업이 더 중요한 선발 기준이 될 수 있습니다. 프로젝트 성공을 위해 효과적인 프로젝트팀원 선정을 위한 지침은 우선 다양한 팀원들과 의사소통할 수 있는 능력이 가장 중요합니다. 의사소통이 원활하지 않으면 프로젝트의 성공 여부를 확신할 수 없어서 이는 필수적입니다. 또한, 팀원이 프로젝트 관리에 대한 전문가일 필요는 없지만, 기본 지식은 갖추어야 함께 작업할 수 있습니다. 팀원은 프로젝트 진행을 정확하게 파악할 수 있도록 관리 도구와 기법을 활용할 줄 알아야 합니다.[248] 아울러 팀원은 자신이 맡은 분야에 대해서는 성과를 창

---

247 https://www.villanovau.com/resources/project-management/project-team-roles-and-responsibilities/

248 https://www.brightwork.com/blog/6-tips-choosing-effective-project-team-members

출하고 책임을 질 수 있는 자신감도 있어야 합니다.

프로젝트를 효과적으로 수행하려면 PM은 고객을 포함한 주요 이해관계자와 프로젝트 진행에 대한 투명성을 유지하면서 필요에 따라 우선순위를 설정하고 조정하기 위해 프로젝트팀과 지속해 의사소통해야 합니다. PM은 프로젝트팀이 프로젝트 목표에 얼마나 근접하고 있는지를 감독하고, 수집한 자료를 분석하여 계획 대비 현 진행 상황의 간격을 파악하고, 이를 최소화하여 프로젝트가 계획한 목표를 달성하도록 프로젝트팀의 활동에 지침을 주고 지원하여야 합니다. 따라서 프로젝트 실행 단계에서는 PM의 리더십이 가장 중요합니다.

PM에게는 프로젝트팀의 활동을 통하여 프로젝트 목표 달성을 위해 작업과 인력을 모두 관리하는 기술이 필요합니다. 프로젝트 목표 달성을 위해 작업을 효율적이고 효과적으로 수행하도록 계획하고 수행하며 감독하고 피드백하는 것이 관리라고 한다면, 프로젝트팀원과의 의사소통을 통해 자신의 비전을 공유하도록 격려하고, 그 비전을 향해 행동하도록 동기를 부여하며, 그 비전을 추구하는 데 방해되는 장애물을 극복하도록 돕는 것을 리더십이라고 구분할 수 있습니다.[249] 즉, 관리가 작업 성과에 중점을 둔 것이라면, 리더십은 사람에 중점을 둔 것이라고 할 수 있습니다. 프로젝트 진행 중 변경이 발생할 소지가 다분한 프로젝트 특성상 이러한 리스크를 극복하고 프로젝

---

249 https://www.projectmanager.com/giides/leadership-in-project-management

트 목표 달성을 위해서는 PM의 관리적인 역량도 중요하지만, 이와 함께 프로젝트 업무를 직접 수행하는 프로젝트팀원을 하나로 묶어 이러한 장애를 극복하고 최고의 성과를 낼 수 있도록 이끄는 PM의 리더십 역량도 매우 중요합니다. 관리 역량과 함께 리더십 역량을 지닌 PM이 되려면, 팀 분위기 조성, 갈등 해결, 솔선수범, 동기부여, 의사소통, 변화 주도, 해결책 제시 등의 역량을 배양하여야 합니다.[250]

프로젝트 실행 단계에서 PM은 프로젝트를 감독하기 위해 일반적으로 일정, 예산, 리스크, 변경, 성과 등을 대상으로 관리 도구를 사용합니다. 일반적인 관리 도구로서, 일정은 모든 프로젝트 작업을 가시적으로 확인할 수 있는 간트 챠트와 같은 일정표를 사용하여 진행 상황을 파악합니다. 예산은 원가 분석과 누적 원가 곡선을 사용하여 진행 상황을 파악합니다. 리스크는 리스크 관리 대장을 사용하여 리스크를 식별하고 이의 해소에 대한 진행 상황을 파악합니다. 계획 대비 변경은 변경 통제 시스템을 사용하여 진행 상황을 파악합니다. 성과는 일정 달성률, 계획 대비 비용 집행률 등을 KPI로 설정하여 진행 상황을 파악합니다.[251] 진행 상황을 파악할 때 시각적으로 쉽게 파악할 수 있는 색을 이용하는 것도 좋은 방법입니다. 예를 들면, 녹색은 완료, 노란색은 진행 중, 빨간색은 지연을 표시하는 것입니다.

이렇게 프로젝트 계획, 진행 파악, 논의 및 조정 등을 통합적으로

250 https://plan.io/blog/project-leader-vs-project-manager
251 https://asana.com/ko/resources/project-controls

관리하기 위한 장소를 흔히 워룸(War Room)이라고 표현합니다. 이 워룸이라는 표현은 군대에서 관련자들이 모여서 전쟁 전략과 전술을 계획하고 논의하고 결정하기 위해 사용된 방에서 유래합니다. 오늘날에도 이러한 개념은 여전히 사용되어, 프로젝트에서도 사람들이 모여 어려운 문제를 해결하기 위한 공간으로서 워룸 또는 상황실 등의 명칭을 사용합니다.[252] 워룸 활용의 이점은 관련 이해관계자 참여, 신속하고 직접적인 의사소통 향상, 다양한 대안의 검토, 협력적인 팀워크 증진, 집중력과 추진력 향상, 관리 가능한 정보의 활용, 성과에 대한 인식 공유, 업무 관계 개선, 문제의 신속한 해결 등을 들 수 있습니다.[253] 워룸의 가장 큰 이점은 의사소통의 향상으로, 워룸 활동을 통하여 의사소통을 개선하여 30%의 시간을 절약하였다는 사례도 있습니다.[254]

이 워룸의 물리적 구성은 가능하면 격리된 공간으로, 이해관계자들이 함께 모일 수 있는 적정한 크기를 갖추고, 프로젝트 관련 관리 자료와 아이디어를 붙일 수 있는 충분한 벽면 공간이 있어야 하며, 책상, 의자, 프로젝터, 화이트보드, 필기구 등을 포함한 사무용품을 갖추어져 있어야 합니다.[255] 워룸의 벽면 공간에는 앞에서도 언급한 WBS, 일정표, 예산, 진행 현황, 리스크 등 시각화한 프로젝트 관리 자

252 https://tms-outsource.com/blog/posts/what-is-a-war-room
253 https://www.bmc.com/blogs/it-war-room
254 https://www.pwc.com/it/services/consulting/war-room.html
255 https://medium.com/@jacobdhal_35850/why-do-you-need-a-project-war-room-52a9f0d33203

료를 붙여 참여하는 이해관계자들이 공통된 인식을 갖도록 하여야 합니다. 대규모의 프로젝트의 경우에는 워룸에 딸린 소규모의 워룸을 준비하여 분야별로 활용할 수도 있습니다. 효율적인 워룸 활용을 위해서는 프로젝트팀원들이 매일 아침 30분씩 당일의 일정과 달성하여야 할 목표를 확인하는 것이 좋습니다. 이후에는 워룸에서 새롭게 나타난 문제를 확인하고 이를 해결하기 위한 계획을 수립하는 시간을 갖는 것이 좋습니다. [256]

[그림 7-1. 프로젝트 워룸의 모습[257]]

256 https://www.linkedin.com/pilse/5-projet-war-room-must-haves-staci-kea-alter
257 https://www.the-center.org/Blog/November-2018/Lead-Your-Project-Team-to-Victory-in-Your-Obeya-W

02
계획과 실적의 차이는
어떻게 통제하는가?

프로젝트 실행 단계에서 중요하게 다루어지고 있는 통제란 '계획과 실적을 일치시키기 위한 과정 혹은 활동'을 의미합니다. 즉, 프로젝트 통제의 목적은 프로젝트 범위 내에서 프로젝트 예산을 가능한 한 최소화하고 프로젝트 일정을 준수하고자 하는 것입니다. 프로젝트 통제가 필요한 이유는 계획과 실행이 완벽하게 일치할 수 없기 때문입니다. 계획 단계에서 수립된 프로젝트 계획은 완벽한 것이 아니며, 프로젝트가 진행되면서 수시로 보완되거나 변경될 수 있습니다. 실제로 프로젝트 실행이 계획에 맞추어 완벽하게 되는 경우는 많지 않습니다. 계획이 완벽할 수 없는 이유로는 부정확한 예측, 자료입력 오류 또는 저장 오류, 부적절한 자원 할당, 예산 및 일정의 낙관적 예측, 의사결정을 내릴 수 있는 충분한 정보의 부족 등입니다.[258] 따라

---

258 https://www.wrike.com/blog/project-controls-guide/

서 PM은 주기적으로 또는 특정 시점별로 계획과 실행을 비교하여 그 차이를 평가해야 하며, 필요할 경우 적절한 조치를 해야 합니다. 프로젝트 성과에 영향을 줄 수 있는 특정 시점은 프로젝트 실행 중 큰 의미를 지닌 주요 시점입니다. 주요 시점이 될만한 사건으로는 주요 의사결정을 내려야 하는 시점, 주요 작업의 완료, 장비 납품 등 제삼자 활동의 완료, 프로젝트 산출물의 완료, 산출물의 검토 및 승인 시점, 프로젝트 감리 시점 등을 꼽을 수 있습니다.[259] 특히 일정계획에서 임계 경로에 있는 작업 또는 활동의 완료 시점은 주요 시점으로 볼 수 있습니다.

통제는 계획에 대하여 실행의 결과인 실적을 파악하는 것으로 시작합니다. 계획이 실적을 평가하는 기준이 된다는 점에서 계획 없는 통제는 있을 수 없습니다. 통제의 기본 목적은 계획과 실적의 차이 또는 편차를 없애는 것으로, 계획과 실적의 차이를 분석하여 이유를 밝히고 심각한 차이에 대해서는 계획 혹은 실행 방식에서 시정조치를 취함으로써 향후 실적과 계획이 일치되도록 하는 것입니다. 통제에 있어서 중요한 점은 실적 파악과 조치가 적절한 시점에 이루어져야 합니다. 즉, PM이 정보에 근거하여 시의적절하게 결정을 내릴 수 있어야 합니다. 아울러 통제 과정에서 발생하는 프로젝트 실적과 조치에 대한 정보는 관계된 이해관계자들과 적시에 공유하여야 합니다.

---

259 트레버 영 지음 · 이화수 옮김, 『프로젝트에 강한 팀장의 비밀』, 비즈니스맵, 2011년

프로젝트 계획 대비 실적을 파악하는 부분은 다음과 같이 5가지를 들 수 있습니다.

첫째, 일정입니다. 프로젝트 일정의 가시성을 높여 프로젝트가 계획된 일정에 따라 진행하고 있음을 확인합니다. 이를 위해 모든 프로젝트 작업을 한 곳에서 추적합니다. 이렇게 하면 작업, 마감일 및 종속성을 한눈에 파악할 수 있습니다. 프로젝트 진행 상황에 대한 격주 또는 월간 보고서는 프로젝트가 제대로 진행되고 있는지를 평가할 수 있는 좋은 방법입니다. 프로젝트가 계획대로 진행되지 않는다면 신속하게 원인을 파악하고 그에 따라 문제를 해결할 수 있습니다. 그런 다음 이 정보를 이해관계자와 공유합니다. 예를 들면 간트 차트를 이용하여 작업별 프로젝트 진행 일정을 확인할 수 있습니다.

둘째, 자원입니다. 모든 프로젝트는 시간, 비용 또는 프로젝트팀원과 같은 자원을 활용합니다. 자원 관리는 이러한 자원에 대한 감독을 효과적으로 수행할 수 있어서 프로젝트 통제에서 중요한 부분입니다. 프로젝트 계획 단계에서 수립한 예산 및 자원 계획을 사용할 수 있습니다. 프로젝트 진행 중 비용과 자원을 추적하는 방법도 필요합니다. 예를 들어 비용 분산을 이용하면 프로젝트가 올바로 진행되고 있는지를 확인할 수 있습니다. 비용 분산은 획득 가치에서 실제 비용을 뺀 양으로, 획득 가치는 완료된 작업을 예산 금액으로 환산한 것이며, 실제 비용은 이미 수행된 작업에 지출된 금액입니다.

셋째, 리스크입니다. 프로젝트 리스크 관리는 프로젝트의 성공을 방해하는 리스크를 사전에 파악하고 방지하기 위한 중요한 통제입니다. 이를 위한 가장 좋은 방법은 리스크 관리 대장을 사용하는 것입니다. 리스크 관리 대장에서는 잠재적 리스크를 우선순위에 따라 순위를 매기고 이에 따라 관리하는 방법을 평가합니다. 일반적인 프로젝트 리스크에는 범위 변경, 낮은 성과, 높은 비용, 시간 부족, 자원 부족, 운용상의 변경, 명확성 부족 등이 있습니다.

넷째, 변경입니다. 변경 관리는 프로젝트 범위가 일정 지연, 예산 증가 및 프로젝트 결함으로 이어지는 문제를 방지하는 가장 좋은 방법의 하나입니다. 변경 관리 절차는 제안된 변경이 중요한지, 중요한 경우 프로젝트 일정이나 프로젝트 범위에 영향을 주지 않고 수행할 수 있는지를 평가하는 데 도움이 됩니다. 이 절차를 사용하면 프로젝트팀이 변경 사항을 효과적으로 처리할 수 있습니다. 일반적으로 변경 관리 절차는 프로젝트마다 다릅니다.

다섯째, 성과입니다. 성과관리는 프로젝트의 성공을 감독하는 광범위한 절차입니다. 이를 위한 가장 간단한 방법은 프로젝트 성과를 평가하기 위한 계량적인 지표인 KPI를 설정하는 것입니다. 이에는 계획 대비 비용, 정시 완료, 투입 시간 및 투자 수익률 등이 포함될 수 있습니다.

이러한 프로젝트 통제를 사용하면 모든 부분에서 프로젝트를 감독하고 있다는 확신을 가질 수 있습니다. 이를 통해 시간과 비용을 절약하고 성공적인 프로젝트 산출물을 만들 수 있습니다.[260]

---

260 https://asana.com/ko/resources/project-controls

[그림 7-2. 프로젝트 통제 분야]

통제의 절차는 상기와 같은 5개 분야에서 계획 대비 실적을 측정하여 자료화하는 성과 측정, 성과 측정의 결과로 프로젝트와 관련된 의사결정을 위한 의미 있는 정보를 만들어내는 성과 분석, 성과 측정과 성과 분석을 통해 만들어진 성과 정보를 보고서로 만들고, 이를 적시에 이해관계자에게 제공하는 과정인 성과 보고, 성과 보고를 근거로 필요한 경우에 계획과 실행에 변경을 주는 활동인 조치의 단계로 구성되어 있습니다. 그리고 이 통제 절차는 프로젝트 실행을 시작하고 종료될 때까지 반복적으로 수행되어야 합니다. 통제 절차가 잘 작동되는 프로젝트에서는 일정 지연을 15% 줄였으며, 비용도 10% 이상을 개선하였다는 조사결과도 있습니다. [261]

---

261 https://projectcontrolsonline.com/definition-and-importanceof-project-controls

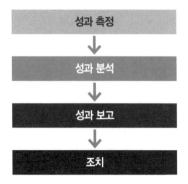

[그림 7-3. 프로젝트 통제 절차]

성과 측정

성과 분석

성과 보고

조치

　이렇게 향후 계획과 실적을 일치시키려는 조치는 프로젝트 통제의 핵심이 됩니다. 프로젝트 실행 중의 조치는 크게 계획 변경과 시정조치로 구분할 수 있습니다. 계획 변경은 계획 대비 실적의 차이 원인이 계획에 오류가 있는 경우 계획을 보완하는 것이며, 시정조치는 계획 대비 실적의 차이 원인이 실행과정에 있는 경우에는 그 원인을 찾아 실행방법을 변경하는 것입니다.

　계획 변경은 고객을 포함한 이해관계자와 합의하여, 승인받은 프로젝트 계획의 수정 또는 조정을 의미합니다. 이는 범위의 추가 또는 축소, 일정 변경, 예산 증감 등을 다루기 때문에 프로젝트의 목표 달성에 영향을 줄 수 있습니다. 이에 따라 이러한 계획 변경은 변경 관리 시스템으로 관리되어야 합니다. 변경 관리 시스템은 프로젝트 통제의 권한과 절차를 규정한 공식적이며 문서화된 체계로, 프로젝트 성과 측정 방법, 공식 문서의 변경 절차와 같은 내용을 포함합니다. 그리고 별도의 위원회를 구성하여 변경과 관련된 의사결정을 할 때는 위원회의 역할과 책임에 대해서 변경 관리 시스템에 명확히 정의되어야 하며, 그 내용은 미리 고객을 포함한 주요 이해관계자로부터 승인받아 놓아야 합니다.

일반적인 계획 변경의 절차는 PMO가 이해관계자의 변경 요청서를 입수하면, 이 변경 요청에 대한 초기 검토를 하여 이를 세부적으로 검토할 것인지를 판별합니다. 세부 검토를 한다면 고객과 전문가를 포함하여 관련 이해관계자가 참여하는 변경위원회(CCB; Change Control Board)를 구성하여 관련 정보를 수집하고 요구도, 일정, 예산 등의 영향성 평가를 하여 변경 요청에 대한 승인, 보류 또는 기각 등의 결정을 내립니다. 이 결정은 프로젝트 관련 문서에 변경 사항을 반영하며 관련 이해관계자와 공유하고 변경을 처리합니다. 필요시에는 고객과의 계약서도 변경합니다.

시정조치는 이미 발생한 문제가 재발하지 않도록 부적합 또는 문제의 근본 원인을 식별, 문서화 및 제거하는 것을 의미합니다. 프로젝트 관리계획이 완벽하다고 하더라도 프로젝트 실행 중에는 예측하지 못한 변수가 발생하여 작업 결과가 계획과 다를 수 있습니다. 따라서 승인된 일정과 예산 내에서 프로젝트를 완료하기 위해서는 프로젝트 작업의 결과를 프로젝트 관리계획에 다시 일치시키는 활동이 필요합니다. 예를 들어, 작업에 대한 일정이 늦어질 때 이를 계획된 일정에 맞추기 위해서는 추가 자원을 투입하여 잔여 업무에 대한 일정을 단축하는 것입니다.

시정조치 절차는 우선 계획과 차질이 발생한 문제를 신속하게 식별합니다. 발생 문제가 어느 정도 심각한지, 일회성인지 아니면 재발 우려가 있는지를 확인합니다. 시정조치를 수행할 팀을 구성하여 이 문제를 해결할 방법을 찾고 이 문제에 대해 임시 수정, 완화 또는 수리를 수행합니다. 그리고 피쉬본(Fish Bone) 다이어그램 또는 5 Whys 방법 등을 이용하여 본질적인 문제의 발생 원인을 파악하여 문제의 재발 방지를 위한 해결책을 결정합니다.[262] 해결책에는 부품이나 공정 변경이 포함될 수 있습니다.[263] 시정조치를 시행하고 이 시정조치가 효과적이며 문제가 재발하지 않는지를 확인하며 관련 사항을 공유하고 처음부터 모든 과정을 문서화합니다.

기타 결함 수리는 고객에게 납품한 산출물에 대하여 발견된 요구도와의 불일치를 수정하는 활동입니다. 즉, 산출물의 고객 납품 이후에 발생하는 문제에 대한 해결책으로서의 결함 수리는 계획 변경이나 시정조치와는 다릅니다.[264]

참고로, 예방조치는 프로젝트 리스크 관리와 같이 아직 발생하지 않은 미래의 잠재적인 사건 또는 상황의 발생 방지를 위해 그 원인을 찾아 제거하는 활동을 의미합니다. 예방조치는 문제가 발생하기 전에 조치해서 장기적인 측면에서 더 성공적이지만, 단기적으로는 성공을 거두기 어렵고 사전에 더 많은 시간과 노력을 투자하여야 합니다.

---

262 https://www.cflowapps.com/corrective-action-plan-and-process/

263 https://twproject.com/blog/preventive-corrective-actions-project-quality/

264 https://blog.masterofproject.com/corrective-action-preventive-action/

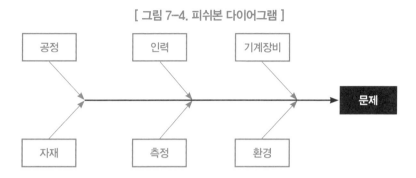

[그림 7-4. 피쉬본 다이어그램]

장기적인 관점에서 PM은 시정조치보다는 예방조치에 더 중점을 두어야 합니다. 이를 위해 PM은 항상 작업을 개선하고 문제 발생을 예방하는 방법을 고민하여야 합니다. 또한, 생각은 유연하고 개방적이어야 하며, 즉각적인 행동도 취하며, 이러한 활동을 위한 시간도 확보하는 것이 중요합니다. 프로젝트 진행을 주기적으로 점검하며 이해관계자 및 팀원들과 의사소통하는 것도 중요합니다.

03

프로젝트를
어떻게 마무리 짓는가?

프로젝트 종결은 프로젝트의 마지막 단계로, 고객의 요구를 충족하기 위한 프로젝트 계획과 관리 절차에 따라 생성한 프로젝트 산출물을 시험, 측정 및 검증의 형태를 통하여[265] 고객에게 전달하고 고객의 승인을 받아 프로젝트를 완료하는 절차입니다.

프로젝트 종결은 단순히 프로젝트의 성공 여부뿐만 아니라 이해관계자의 만족도를 높여 향후 유사 프로젝트 수주에 대한 가능성을 높이고, 프로젝트 수행에 따른 팀원의 역량을 향상하고 향후 유사 프로젝트 수행에 대한 교훈을 얻을 수 있으므로 중요합니다. 또한, 프로젝트 종결은 비용 등의 자원을 더 이상 할당할 필요가 없음을 공식화시키고, 해당 프로젝트에 할당되었던 인력 등의 자원을 다른 프로젝트에 재배치할 수 있다는 것을 의미합니다.

---

265 강창욱 외, 『프로젝트 관리학』, 제4판, 박영사, 2021년

모든 프로젝트는 고유하므로 세부 내용은 다를 수 있지만, 프로젝트 종결에서 수행하여야 하는 공통 작업은 크게 세 부분으로 나눌 수 있습니다.

첫째는 프로젝트의 목표인 산출물을 납품하는 것입니다. 즉, 요구도, 일정 및 예산을 충족하는 산출물인 제품 및 서비스와 관련 보고서 등을 완성하고 이를 고객 또는 이해관계자에게 전달합니다. 프로젝트 규모와 관계없이 모든 이해관계자가 산출물의 최종 상태에 동의하고 수용할 수 있도록 공식적이고 체계적인 방식으로 이 작업을 수행해야 합니다. 시험 및 검증에 이어 이해관계자, 특히 고객으로부터 프로젝트 목표가 충족되었다는 서면 확인을 받는 것이 산출물 납품의 목표입니다.[266] 기간이 긴 프로젝트의 경우 적절한 단계마다 중간 산출물에 대한 고객의 승인을 받아두면, 프로젝트 종료에 대한 고객의 승인을 받기가 쉬우며 프로젝트 범위 크리프도 예방할 수 있습니다. 고객의 승인은 프로젝트와 관련된 계약의 책임과 의무를 종결하는 중요한 부분이기 때문에 반드시 문서로 승인받아야 합니다. 고객의 승인 문서는 계약 대금을 청구하는 필요 서류의 하나가 되기도 합니다. PM은 고객으로부터의 계약 대금을 포함한 프로젝트 비용도 정리합니다.

둘째, 업무를 마감하는 것으로 모든 계약상 의무와 기타 프로젝트 계획을 종결하는 것입니다. 프로젝트 종결에 대한 고객의 승인을 받

---

266 https://www.theprojectmanagementblueprint.com/blog/how-to-close-a-project

은 후, 프로젝트 종결 회의를 소집하여 이해관계자와 함께 사후 검토를 수행하여 프로젝트와 관련된 목표, 수행 내용, 범위, 일정, 예산 및 품질 측면에서의 성과, 리스크, 대응 결과, 후속 조치 및 고객만족도 등을 보고서로 정리하여 경영진에게 보고하여 승인받고 이를 이해관계자와 공유합니다. 여기에는 미해결 안건을 정리하고 프로젝트 문서 및 파일을 정리하고 보관하는 것도 포함됩니다. 프로젝트를 잘 마무리하는 것은 고객에게 프로젝트에 대한 책임이 종료되었음을 공식적으로 알리고, 프로젝트 수행 중에 발생한 다양한 문제의 해결 방법과 이를 통해 얻은 교훈을 문서로 정리하여 향후 프로젝트에서 유사한 실수의 발생을 최소화하며 개선을 도모할 수 있습니다.[267]

셋째, 자원의 해체 및 반환입니다. 이에는 집행하지 않은 프로젝트 자금의 반환을 포함합니다. 이 기간 프로젝트팀 및 이해관계자와 함께 공식 및 비공식 성공 축하 행사도 중요합니다. 또한, 프로젝트팀을 공식적으로 해체합니다. 여기에는 적절한 경우 프로젝트를 성공적으로 수행한 팀원의 공로를 치하하고 향후 다른 프로젝트에 참여할 수 있는 지원을 제공하는 것도 포함됩니다. 또한, 고객에게 전달한 프로젝트 산출물에 대한 운용지원 및 유지보수 등의 추가적인 계약적 업무가 진행될 수도 있으므로, 사내 해당 부서가 이 프로젝트에 관한 내용을 충분히 숙지하고 이해할 수 있도록 프로젝트팀이 미리 시간을 할애하여 필요한 지식과 훈련을 제공할 수도 있습니다.[268]

---

267 https://www.teamwork.com/blog/project-closure
268 https://www.projectpractical.com/13-steps-to-effective-close-a-project/

[그림 7–5. 프로젝트 종료 업무]

산출물 납품	• 프로젝트 계획에 따른 작업의 완성 • 요구도, 일정, 예산에 따른 산출물 시험, 검증 및 납품 • 고객의 공식 수락 승인서 입수

업무 마감	• 이해관계자와 함께 사후 검토를 하여 프로젝트 성과 등을 보고서로 정리 • 프로젝트 수행 중 획득한 교훈을 정리하고 공유 • 프로젝트 파일 정리 및 보관

팀 해체	• 자원 해체 및 반환 • 성공을 축하 • 프로젝트 팀원에 대한 보상 • 운용지원 및 유지보수에 대한 업무 이관

프로젝트를 제대로 종결하는 것은 어렵지 않지만, 시간과 노력이 필요합니다. 그러나 이 프로젝트 종결 활동은 종종 간과되거나 거의 관심을 기울이지 않습니다. PM은 프로젝트를 체계적으로, 전문적으로, 완벽하게 종결짓는 것이 중요합니다. 프로젝트의 착수, 계획, 실행 및 통제에 많은 시간과 노력을 기울이는 것처럼 프로젝트 종결에도 시간과 노력이 필요합니다.

성공적인 프로젝트 종결을 위해 PM이 참조할 수 있는 간단한 프로젝트 종결 체크리스트를 살펴보면 다음과 같습니다.

[표 7-1. 프로젝트 종결 체크리스트]

프로젝트 개요	☐ 프로젝트 명 ☐ 프로젝트 목적 ☐ 프로젝트 납품물 ☐ 프로젝트 후원자 ☐ 프로젝트 관리자 ☐ 프로젝트 팀리더/팀원
투입물	☐ 프로젝트 성공 기준 ☐ 프로젝트 헌장 ☐ 프로젝트 관리 계획 ☐ 범위 기술서 ☐ 프로젝트 일정 ☐ 프로젝트 예산 ☐ 기타 프로젝트 투입 자원
이해관계자 만족	☐ 조사 실시 ☐ 산출물 관련 포커스 그룹 운용 ☐ 이해관계자 인터뷰
프로젝트 종결 보고서	☐ 프로젝트 납품물 및 고객 승인 ☐ 프로젝트 범위 및 변경 ☐ 프로젝트 일정 ☐ 프로젝트 검토 회의 및 회의록 ☐ 프로젝트 예산 및 영수증 ☐ 사용 자원 명세서 및 조달 ☐ 이해관계자 만족도 결과 ☐ 리스크 관리 및 통제 ☐ 미해결 안건 ☐ 프로젝트 학습 효과
프로젝트 평가	☐ 프로젝트 성과 평가 ☐ 팀원 성과 평가 ☐ 사용한 절차 평가 ☐ 자원 할당 평가
추가 활동	☐ 문서 배포 (내부/외부) ☐ 프로젝트 자료 수집, 정리 및 보관 ☐ 팀원 공적 치하 ☐ 성공 축하 ☐ 후속업무 인계

7장. 프로젝트 실행, 통제 및 종결

■ 프로젝트 실행은 수립한 프로젝트 계획에 따라 각 프로젝트 담당자가 작업을 수행하여 이해관계자를 위한 구체적인 성과를 창출합니다.

■ PM은 프로젝트 목표 달성을 위해 작업을 효율적이고 효과적으로 수행하며 감독하고 피드백하는 관리능력뿐만 아니라, 팀원과의 의사소통을 통해 목표 달성의 비전을 공유하고 동기를 부여하고 장애를 극복하도록 돕는 리더십도 갖추어야 합니다.

■ 프로젝트 계획, 진행 파악, 논의 및 조정 등을 통합적으로 관리하는 장소인 워룸에는 WBS, 일정표, 예산, 진행 현황, 리스크 등 시각화한 프로젝트 관리 자료를 붙여 참여자들이 현황을 공유하고 문제 해결을 위한 의사소통을 강화 하도록 합니다.

■ 프로젝트 실행 단계에서 통제는 일정, 자원, 리스크, 변경 및 성과 분야에서 계획과 실행의 결과인 실적을 파악하고, 계획과 실적을 일치시키기 위하여 계획을 보완하는 계획 변경 또는 실행방법을 변경하는 시정조치 활동을 수행 합니다.

■ 프로젝트 종결은 프로젝트 계획과 관리 절차에 따라 실행하여 얻은 프로젝트 산출물을 고객에게 납품하고 고객의 승인을 받아 의무를 완료하고, 종결 보 고서 작성 및 문서 보관 등 관련 업무를 정리하며, 프로젝트에 투입된 자원을 반환하고 성과를 보상하고 팀 해체로 마무리합니다.

BUSINESS MARKETING & PROJECT MANAGEMENT